RELIGION CIVILE

PROPOSÉE

AUX RÉPUBLIQUES.

« *Jesus* vint établir sur la terre un Royaume spirituel, ce qui, SÉPARANT LE SYSTÊME THÉOLOGIQUE DU SYSTÊME POLITIQUE, fit que l'État *cessa d'être un*, et causa les *divisions intestines*, qui n'ont jamais cessé *d'agiter les peuples chrétiens* ». CONTRAT SOCIAL, Livre IV, Chapitre VIII, *de la religion civile.*

RELIGION CIVILE

PROPOSÉE

AUX RÉPUBLIQUES

POUR

LIEN DES GOUVERNEMENS REPRÉSENTATIFS,

PAR F. LANTHENAS,

Ex-Membre de la Convention Nationale et du Corps Législatif.

QUATRIÈME ÉDITION.

A PARIS,

Chez COMMINGES, Imprimeur, rue Neuve Roch, N°. 159.

L'AN VI de la Rép. franç.

TABLE

DES

MATIÈRES

Contenues dans ce Volume.

INTRODUCTION.

INTRODUCTION.

PARAGRAPHE PREMIER.

But de la Révolution de France; moyen d'y arriver.

LA révolution de France, préparée par le progrès des lumières, corrompue et cependant servie par les défauts, les vices et les crimes de toute espèce, quelsque soient les hommes qui y figurent, que doit-elle au fond produire? N'est-ce pas l'amélioration de l'existence de l'homme, sur quelques parties au moins de ce globe, où il s'agite sans se connoître et sans être heureux? La SOUVERAINETÉ DU PEUPLE et le GOUVERNEMENT REPRÉSENTATIF, transplantés de l'Amérique en Europe, comme des plantes qui ont besoin de s'aclimater, étendent peu-à-peu des racines profondes : un jour leurs rameaux bienfaisans ombrageront sans obstacle cette contrée ; et ils doivent, par leurs principes et leur action, réaliser à la fin les promesses faites à l'humanité depuis des siècles.

Ses ennemis, les rois et les aristocrates, sous les dénominations anciennes et des noms nouveaux, font, il est vrai, leurs efforts pour détourner de leur but et rendre encore vaines ces promesses : comme leurs prédécesseurs ont habilement pratiqué à chaque révolution faite pour rendre à l'homme sa dignité, ils s'emparent peu-à-peu de la révolution présente ; ils égarent les esprits ; ils divisent les cœurs ; ils font périr les amis de la liberté, qui se dévouent ; ils étourdissent la génération actuelle trop éveillée; ils endorment dans l'ignorance, celle qui suit ; ils obscurcissent insensiblement les *droits* en tenant voilés les *devoirs* de l'homme en société ; ils tuent la morale publique et privée, et s'opposent à sa résurrection; ils pervertissent les passions généreuses et les lois les plus bienfaitrices ; ils donnent les couleurs qui plaisent et des formes modernes à leur éternelle tyrannie : mais, nous en jurons par la nature des choses, par le génie de la révolution de France, la providence même qui la conduit, les rois et les aristocrates seront cette fois-ci, comme les autres, trompés dans leur espoir ; ils seront également pris pour dupes de leur dernier stratagême.

Les républiques se consolident ; les garanties de la liberté s'établissent ; de sages institutions vont commencer ; le bonheur du peuple s'effectuera !

La morale universelle, pure, vigoureusement établie chez une grande nation par des lois constitutionnelles et législatives, pouvoit seule réaliser cette espérance des *amis fervens de l'humanité*, des RÉPUBLICAINS. Qu'on ne s'étonne donc pas des obstacles qu'a rencontré cet établissement! Les ennemis de la *liberté* et de l'ÉGALITÉ sentent bien que rien n'est plus redoutable pour les principes arbitraires de gouvernement, qu'ils ont intérêt de faire prévaloir.

Sans crainte d'être importun ou superflu, je présente donc une quatrième édition, plus parfaite et retravaillée, de ce que j'ai offert à la Convention sur ce sujet. Des circonstances extraordinaires m'ont autant de fois engagé à m'en occuper; et mes méditations m'y ont toujours fait voir attaché le sort de la France avec celui de la révolution.

Si je ne mets pas mieux en évidence cette vérité, que je ne l'ai fait dans mes écrits précédens, j'offrirai au moins avec plus de précision, sur un objet étendu et abstrait, la *religion politiquement considérée*, les principes nouveaux que je crois avoir établis, et qu'il appartient maintenant à tant de nations libres d'apprécier.

Si l'on veut ensuite connoître les institutions et les lois d'un genre particulier aux républiques, que l'établissement de la *morale* ou *religion civile* doit supporter, on peut voir les écrits que je donnai à la Convention avant que la première tyrannie, élevée sur elle, fût consolidée par le supplice horrible des premiers représentans du peuple, que les agens des rois coalisés ont poussés et conduits à l'échafaud.

La défense de ces victimes, au nombre desquelles je fus d'abord compris, me fit sentir plus vivement que jamais le besoin d'une morale publique; mon esprit s'attacha fortement à cette pensée, vers laquelle je crus qu'on se dirigeroit généralement, y trouvant le moyen le plus sûr d'arracher à la fureur de leurs ennemis et à leurs propres égaremens, les hommes que je m'appliquai avec constance et courage jusqu'au dernier moment à sauver.

Porter la Convention à *distinguer de la trahison et du crime, les fautes de conduite et les vices de tempérament ou de caractère des fonctionnaires publics accusés, et à établir des lois censoriales sur cette classe de citoyens, par lesquelles les hommes nuisibles à la république pussent être ôtés de place, autrement qu'en abattant leur tête*, fut ce moyen qui me paroissoit infaillible, avec l'espérance d'être fortement appuyé. Je ne reculai point à la difficulté de donner assez promptement les lois nouvelles, nécessaires pour faire exécuter par des tribunaux nouveaux aussi, cette distinction, et pour faire appliquer par eux, aux cas prévus et précisés, non des peines disproportionnées, mais des remèdes suffisans pour le salut public : législation plus modérée, plus humaine et plus équitable que celle de l'ostracisme des anciens ou de la déportation moderne, dans tous les sens !

Je devois sans doute l'idée de l'établissement de la morale publique ou religion civile, à mes amis même, fondateurs de la liberté, et à nos philosophes. Je l'avois, comme eux, souvent rappelée sans la développer davantage. Mais je me mis alors à la méditer ; et je proposai, le 2 juillet an deuxième, un mois seulement après le fameux DEUX JUIN, une *déclaration des devoirs de l'homme, des principes et maximes de la morale universelle*, pour première base de cet établissement.

Tous les maux qui ont désolé la France, et dont la république souffre encore si profondément ; les malheurs sur-tout de Lyon étoient conjurés, si l'on avoit secondé ma motion d'ordre, faite après et par suite de cette proposition, pour la célébration du *Dix Août* 1793, tendante à réconcilier ce jour-là les esprits et les cœurs ulcérés ! ! !

Ayant eu le malheur de ne pouvoir seul faire réussir cette motion marquante et salutaire, je ne fus point découragé : je travaillai immédiatement à développer davantage l'idée de faire distinguer les fautes des crimes, dans les fonctionnaires publics accusés ; et à la fin du même mois d'*août* 1793, je proposai d'élever, sur une déclaration de la morale publique, un tribunal national de censure, pour y faire d'abord juger les malheureux patriotes, qu'un aveuglement populaire et des scélérats, instrumens de l'étranger, poursuivoient alors avec un acharnement nouveau inconcevable.

Ce fut sans succès ! mais j'eus fait mon devoir. Mes travaux excessifs à cette époque, et mes souffrances, ne seront pas entièrement perdus, s'ils peuvent au moins faire maintenant prèter attention à des idées qui ne pouvoient peut-être naître que dans la position unique et terrible où je me suis trouvé.

Les circonstances qui m'ont pour ainsi dire élevé vers elles, se sont répétées après le 9 thermidor, dans un sens tout contraire, comme pour completter la démonstration de la nécessité de les admettre, si l'on veut arriver au but de la révolution. La perfection de l'art social doit nous y conduire : et cette vue m'engage seule à citer ici ces circonstances. Ce qu'elles nous ont appris de la nature des discordes civiles et du rôle funeste qu'y joue le déchaînement des passions humaines, doit servir aux progrès de cet art moins avancé encore qu'on ne se l'imagine. Comme pour tous les autres, on doit profiter de l'expérience et du tems pour le perfectionner. Je souhaite que l'on tire promptement de ce que je cite, l'utilité qu'il est dans la nature des choses et que la providence même veut que nous y trouvions !

Je vais entrer dans une nouvelle exposition du principe de l'établissement de la *morale publique* ou *religion civile*, que je présente pour *lien* nouveau et nécessaire des gouvernemens modernes, représentatifs.

PARAGRAPHE II.

MORALE ET DEVOIRS,

Leur définition, leurs divisions, et leurs rapports avec la législation.

LA morale, dans le sens le plus étendu, donné à ce mot, renferme tous les devoirs que le *droit de la nature* dicte aux hommes réunis en société : ce droit est l'ensemble des règles que l'essence des choses prescrit aux êtres animés pour se rendre heureux. L'expérience fait trouver à l'homme celles qui conviennent à sa nature ; la raison les confirme ; l'instruction les conserve, et elle les indique pour arriver au but que se propose tout être sensible, son propre bonheur : leur connoissance est l'objet de la SAGESSE ; et la VERTU consiste à les suivre sans que rien puisse en détourner.

On peut ranger les devoirs qui découlent de ces règles sous trois titres : la *bienfaisance* ou *charité*, la *justice*, et la *prudence* ou *modération*. La bienfaisance ou charité, commande de faire à autrui tout le bien dont on est capable : la justice fait simplement rendre aux autres ce qui leur appartient : la prudence ou modération prescrit ce que nous nous devons à nous-mêmes.

La justice est seule l'objet des lois et du gouvernement : la bienfaisance ou charité, et la prudence ou modération sont celui de la MORALE proprement dite et de L'INSTRUCTION. La première impose des *devoirs absolus*; celles-ci imposent des *devoirs volontaires*. L'on appelle les uns parfaits, et les autres imparfaits. On ne peut se dispenser des premiers; ceux-ci sont seulement recommandés.

Ils sont cependant tous également nécessaires

nécessaires au bonheur de chacun: ils sont tous également dictés par la nature de l'homme: ses devoirs, quels qu'ils soient, sont les moyens de se rendre heureux, d'après le besoin naturel qu'il a de s'unir à ses semblables, de maintenir sa société avec eux, d'en respecter et ſaire respecter les conventions.

Jusqu'à présent on a cru ne pouvoir fortifier par les LOIS, que les *devoirs* qui découlent de la justice. Ceux qui dérivent de la bienfaisance ou charité, et de la prudence ou modération, échappent à la législation. Il semble qu'en bornant celle-ci comme on a fait, on ait désespéré d'elle et de la nature humaine. Cependant les premiers législateurs que nous connoissons y suppléèrent par des doctrines spirituelles, par des lois surnaturelles.

PARAGRAPHE III.

Changement que la philosophie et la révolution devoient opérer.

LA révolution de France auroit dû avancer sur ce point l'art social. Débarrassé d'un clergé corrompu et d'un culte dominant, le peuple français ne pouvoit-il pas faire de la MORALE UNIVERSELLE, l'objet d'une *déclaration* particulière ? Cette déclaration n'auroit-elle pas pu servir ensuite de báse aux institutions et aux lois d'un ordre nouveau, calculées pour mettre cette morale en vigueur, la maintenir et exciter les citoyens à la pratiquer, comme étant évidemment d'accord avec toutes les opinions religieuses ? Ne pouvoit-on pas tourner ainsi l'influence de ces opinions au profit de la liberté, malgré la perfidie des prêtres malveillans qui les dirigent? Enfin, ce triomphe remporté sur eux, n'eût-il pas valu des victoires achetées au prix de tant de Français?

Tout cela fut possible sans doute à diverses époques : mais si l'idée en fut conçue, elle ne fut point proposée avant la Convention; elle ne l'a été que dans cette assemblée; son développement a exigé du temps, de la méditation, et même peut-être certains évènemens. Enfin, au milieu de nos agitations, peu d'esprits ont apperçu où elle tendoit. Bientôt cependant on s'étonnera généralement de cette lenteur. Ce plan pouvoit seul en effet préserver des écarts révolutionnaires, comme il peut seul, aujourd'hui, défendre efficacement la cause de la *liberté* et de l'*égalité*, cimenter la constitution actuelle, sauver la RÉPUBLIQUE, dont les soutiens doivent essentiellement être pris dans la MORALE et les *bonnes mœurs*.

Qu'on offre donc, sans effaroucher les consciences, un type respectable à la VERTU, uniquement calqué sur la *nature*, le *sentiment* et la *raison* : qu'on détermine les moyens légaux de le faire généralement reconnoître sans violenter les opinions : que l'emploi de ces moyens soit confié à un *ministère* et à des *ministres*, sous la surveillance et l'autorité du DIRECTOIRE, comme tout autre partie primordiale du gouvernement; et la NATION reprendra ses droits sur un objet important de son organisation, qui reste *nul* ou *soustrait* à sa souveraineté, avec d'innombrables inconvéniens.

Le gouvernement, proprement dit, n'est, et ne doit être, nous dit-on, que l'administration des lois faites pour maintenir la propriété, pour contraindre, quant à ce qui la regarde, les hommes à être justes. Mais il est évident que la société a besoin de bien d'autres secours pour faire régner la justice elle-même, et tant d'autres harmonies nécessaires au maintien de la société, au bonheur des individus et à celui des familles.

PARAGRAPHE IV.

Les législateurs anciens comparés, à l'égard de la morale, aux législateurs modernes.

LES législateurs des peuples de l'antiquité, qui, recourant à la révélation, ont pris dans un autre monde, le mobile des VERTUS GÉNÉREUSES qu'ils crurent ne pouvoir autrement obtenir, ont au moins montré que leurs vues embrassoient l'étendue de l'organisation sociale.

Ils mirent DIEU à la tête de chaque société politique; et il s'en suivit qu'il y eut autant de *dieux* que de *peuples*, comme l'a observé J. J. ROUSSEAU. Mais ce qui paroît évident, et que

J. J. Rousseau n'a pas dit, c'est que *Dieu*, ou le mot qui dans leur langue correspondoit à celui-là, ne signifioit pour eux et les initiés dans leurs *mystères* après eux, qu'une abstraction. Ils comprenoient sous ce mot l'ensemble des faits, des connoissances, des vérités morales et physiques qu'on cachoit au vulgaire avec les moyens les plus délicats de le gouverner. Ce secret, ou plutôt le levier qu'on appuyoit sur lui pour remuer l'esprit et le cœur des hommes, fit le ressort et la force conservatrice des gouvernemens qu'ils instituèrent : les peuples libres eux-mêmes ne purent s'en débarrasser ; et il paroît avoir été la cause de cette séparation funeste, que J. J. Rousseau a remarquée sans l'expliquer, du *systéme théologique* et du *systéme politique*, laquelle à produit chez les peuples modernes tant de divisions intestines, et s'est toujours opposée à l'unité de leur constitution et de leurs lois. Aussi les assemblées représentatives de France, qui ont vu tous les bons effets de cette ancienne pensée législative entièrement dénaturés ou détruits, et ne lui ont rien substitué, se sont-elles montrées en cela infiniment au-dessous de ces législateurs.

Des membres de ces assemblées ont pu sentir leurs obligations à cet égard, mais très-peu ont conçu le systême qu'il falloit pour les remplir. Ceux-ci ne se sont trouvés que quelques foibles individus ; ils n'ont pu déterminer la volonté générale, seule aujourd'hui législatrice : et les institutions nécessaires pour guider et exciter les citoyens à la pratique constante des *devoirs* de l'homme, à la VERTU, forment actuellement dans notre pacte social, une lacune qui se fait vivement sentir.

PARAGRAPHE V.

Importance du sujet.

LA philosophie cependant n'a tant fait de progrès qu'en annonçant et faisant espérer une nouvelle restauration de la morale; et elle a ainsi posé depuis long-temps sur elle le pivot de notre révolution. Mais les méchans de tous les partis l'ont détournée de ce principe tout-puissant. Ils ont tous dédaigné comme trop longs, les secours à tirer de la morale; ils ont empêché de réparer ou de remplacer les canaux qui la répandoient sous l'ancien régime, et les sources de la vertu se sont déssechées; l'on a raisonné sans cesse de ses *droits* et l'on n'a plus connu de *devoirs* : l'on a été de tous côtés *injuste*, et l'on est devenu bien vîte fanatique et cruel : les erreurs, les passions de l'humanité, laissées sans guide et sans frein, ont

amené

amené dans tous les sens les plus violens excès : l'immoralité et le crime ont régné ; chacun le dit, presque chacun, dans son parti, en a été l'approbateur, l'apôtre ou le complice ; et l'on ne voit point que ce qui a produit nos maux, ce qui les perpétue et peut les rendre incurables, c'est le manque d'une doctrine qui nous lie de nouveau à la morale, et d'institutions basées sur cette doctrine, qui remplacent la partie gubernatrice de la religion dominante sous l'ancien régime.

Cette partie a été entièrement oubliée; elle est pour ainsi dire encore inconnue; et elle est cependant si essentielle, qu'elle est capable de suppléer toutes les autres, et ne peut être remplacée par aucune d'elles.

Si la bienfaisance ou charité, qui renferme nécessairement la justice et tous nos devoirs envers autrui ; si la prudence ou modération, qui comprend ce que nous nous devons à nous-mêmes, étoient en effet parfaitement entendues et exactement pratiquées; si les hommes, journellement exhortés sur leurs obligations pour se rendre heureux, étoient assez instruits des vrais moyens de l'être, pour s'y attacher et ne point s'en détourner, il n'y auroit ni rois, ni voleurs, ni guerres, ni échafauds; chacun travailleroit, auroit la santé et de quoi à-peu-près suffire à ses besoins; ce qu'on nomme gouvernement, se réduiroit à la plus simple administration; le reste seroit inutile: la morale et ses douces institutions suffiroient pour régler la société, y faire régner l'exacte justice, et, avec elle, le bonheur.

Malheureusement cet état des choses semble impossible à obtenir. Les méchans, que bien des philosophes ont au reste cru uniquement produits par la mauvaise organisation sociale, sont trop pervers et trop nombreux; ils menacent à l'intérieur, comme de l'extérieur, le citoyen laborieux et paisible; et la force du gouvernement est nécessaire pour les contenir, pour leur inspirer une *terreur* salutaire. Or, tout pouvoir corrompt les hommes. Cette force ne s'obtient qu'en engendrant, si l'on n'y remédie, le mal même auquel elle doit résister et pourvoir: elle porte avec elle tous les germes de la corruption; elle multiplie, elle sert admirablement les méchans, si la MORALE ne ramène sans cesse les gouvernans et les gouvernés au véritable principe du bonheur commun et particulier; s'il n'y a pas des moyens efficaces de les lier tous par elle, aux habitudes les plus conformes à l'intérêt général, aux *bonnes mœurs*.

Il faut donc que la MORALE soit instituée et fortement organisée. Elle est l'atmosphère préservatrice qui doit environner tout gouvernement ; l'antidote des maux inévitables qu'il fait, au milieu même des biens qu'il produit ; son contrepoids naturel ; la partie enfin la plus essentielle à la balance, à l'équilibre, à la vie, à la parfaite santé du corps politique.

Il ne suffit pas d'avoir voulu la république ; il faut opérer et compléter son organisation. S'il lui manque une de ses parties les plus essentielles, elle sera nécessairement comme un avorton, destiné par la nature même à périr.

PARAGRAPHE VI.

DE LA RELIGION.

Ses rapports avec la politique ; sa définition.

GOLDSMITH, excellent historien anglais, fait la remarque que la république romaine s'éleva des plus foibles et des plus méprisables commencemens, par une stricte vénération pour sa religion, et une implicite confiance dans ses chefs (1). Ces deux principes vrais de la grandeur du peuple le plus étonnant, n'en forment proprement qu'un ; car, sans la religion, dont la direction suprême fut toujours dans les mains des chefs de cette république, ceux-ci auroient-ils jamais pu conserver la confiance du peuple ? confiance qui les aida à sauver l'état en péril, dans tant de crises extrêmes. Aussi, à Rome,

(1) Voyez son Histoire Romaine, à la fin de la préface.

le collège des *Augures*, institué par Romulus et confirmé par Numa, fut-il révéré par les consuls qui succédèrent aux rois. L'*Augurat* fut un établissement en règle, une dignité, un pouvoir qu'on ne pouvoit point exercer sans être avoué de l'État.

En Angleterre et en Russie, le chef de l'État est aussi le chef de la religion: par-tout où elle est séparée du gouvernement, elle reçoit cependant de lui une impulsion politique, et concourt puissamment à maintenir l'obéissance, l'union et la fidélité des peuples.

Pourquoi le gouvernement représentatif seroit-il donc seul dénué de ce secours? Le peuple a certainement le droit de marquer sa volonté, et de se faire représenter pour cette partie comme pour toutes les autres. La religion, considérée en général dans sa nature et ses rapports avec la politique, n'est point une partie inutile qu'on puisse soustraire de l'organisation sociale. Elle y est au contraire essentielle, pour guider les citoyens dans tous leurs rapports, pour les lier entre eux, pour les attacher aux lois, au gouvernement et aux mêmes principes; pour les enchaîner tous uniformément à elles et à eux, aux époques les plus remarquables de leur vie, à leur naissance, à leur mariage, à leur mort; pour donner ainsi à leurs idées, à leurs goûts, à leurs sentimens, à leurs habitudes, en un mot, à leurs mœurs, cette unité, cette ressemblance qui fait et resserre l'union des citoyens, et de laquelle dépend la compacité, la force de l'État.

La religion, ainsi considérée, est mal définie, « la connoissance de la » divinité et celle du culte qui lui » est dû » (1). C'est-là l'objet des

---

(1) *Encyclopédie*, première édition.

dogmes ; et les dogmes, à ne les considérer que du côté de la politique qui les a fait établir (chacun l'avouera au moins pour ceux qu'il ne croit pas), ne sont que des moyens factices, par lesquels on a jusqu'à présent pourvu à cette partie essentielle de tout gouvernement.

On définiroit donc plus exactement la religion, « le *lien* (1) qui réunit les » principes conservateurs de la société, » qui lie à ces principes les hommes, » leur fait observer les devoirs qui en » découlent, et fortifie l'amour qu'ils » doivent se porter mutuellement ». Ce lien, évidemment, peut et doit être combiné d'une manière nouvelle, selon les lumières et la raison dont notre siècle se glorifie, et d'accord avec le vœu véritable de notre ré-

---

(1) Le mot *religion* le dit lui-même : il vient de *religare*, qui signifie *lier de nouveau lier deux fois, serrer ensemble.*

volution. Que les dogmes l'attachent ensuite à la cause intelligente de toute existence ; qu'ils expliquent cette cause et ses rapports avec les hommes, de manière à donner une double sanction aux devoirs de ceux-ci, les uns envers les autres ; c'est ce qui est dans la nature des choses. La société n'a pas le droit de l'empêcher ; le gouvernement peut en tirer de l'avantage ; mais il ne doit point s'en mêler ; il lui est interdit de favoriser une opinion sur aucune autre.

PARAGRAPHE VII.

LIEN nécessaire au gouvernement représentatif, comme au gouvernement despotique.

LA difficulté que les premiers législateurs que nous connoissons trouvèrent à cimenter leurs institutions, à lier les hommes et à les conduire par des lois et la raison seule, les fit recourir aux *oracles*, aux *augures*, aux *révélations*, selon le dégré de civilisation et les idées régnantes de leur tems. L'ambition s'est par-tout saisie de ces moyens pour s'assujétir les peuples, et éterniser leur esclavage. L'esprit humain s'est donc justement révolté contre les croyances que tant de révélations et d'interprétations intéressées lui ont imposées au nom du ciel. Sa foiblesse, cependant, le respect dû à la bonne foi, l'utilité, même le besoin de ces croyances dans l'état des choses, ont fait de la tolérance illimitée, en matière d'opinions religieuses, une loi indispensable. Mais ce principe et la philosophie qui le proclame depuis si long-temps, appellent de tous côtés une doctrine et des institutions qui unissent véritablement les croyans et les philosophes quels qu'ils soient.

Il ne faut pas se laisser décourager

par la nouveauté du sujet, et les difficultés qui peuvent s'y offrir. Il faut voir que la république exige une organisation plus délicate et des institutions mieux assorties que le despotisme. Connoît-on toutes les combinaisons sociales, nécessaires pour la faire marcher vers son vrai but, le bonheur du peuple, sans périls pour la liberté publique ou individuelle, sans tumulte, sans agitations? Non, sans doute; il faut donc les rechercher. Le despotisme paroît plus tranquille et plus simple, parce que le peuple n'est sous lui qu'une masse inerte, sans vie: dans la république, les mouvemens paisibles et salutaires du peuple, qui constituent sa liberté et l'exercice légal de ses droits, dépendent d'une constitution et d'un gouvernement naturels, plus savans. Des recherches et l'expérience doivent les perfectionner comme tous les objets de nos connoissances.

Qu'on ne s'étonne donc pas qu'il appartienne aux peuples libres, de s'initier dans les mystères les plus profonds de la politique ; de connoître, d'apprécier et d'organiser le puissant ressort de la religion, comme tout autre du *Corps-politique*, puisqu'ils sont appelés par la nature à se constituer eux-mêmes, et à modifier leur constitution, d'après les leçons du tems.

Les progrès de la civilisation et de l'art social mettent les législateurs modernes dans une position bien plus heureuse que les législateurs anciens ne se trouvèrent dans des temps de ténèbres et avec des peuples barbares. La raison et le sentiment, éclairés par l'instruction et développés par la contemplation de la nature, leur offrent aujourd'hui des bases suffisantes pour un *lien* général et nouveau de tout ce qui reste des religions anciennes, plus efficace et plus honorable pour l'esprit humain, que tant de superstitions qui en servirent. Il faut seulement qu'ils connoissent cette partie de leurs devoirs et de leurs travaux. Elle est encore intacte : il s'agit d'établir sur ces bases la *Morale-publique et l'Instruction-du-peuple.* Des institutions et des lois réglementaires pour ces parties, viendront naturellement après au secours de la liberté, dans le gouvernement représentatif actuel, comme les sacerdoces et les réglemens religieux venoient au soutien du despotisme, dans la monarchie ancienne.

Mais on sent qu'il faut élever ses pensées sur ces deux objets, bien au-dessus des limites qu'on leur donne ; il faut tirer la plus pure morale, ses principes et ses maximes les plus sublimes, de tous les livres qui les ont recueillis, et les séparer des cultes et des dogmes ; il faut en faire un code exprès pour la république ; il faut donner à ce code la sanction des lois les plus solemnelles ; il faut enfin le mettre en action par des institutions, et considérer l'*Instruction-du-peuple* sous d'autres rapports que ceux de l'enseignement, des sciences, des lettres, des arts et des personnes qui les professent ; objets premiers ou secondaires, auxquels on l'a bornée jusqu'à présent.

En vain des politiques, dont les idées n'ont point encore remonté à cette hauteur, et des hommes *croyans* conseillent-ils, avec les meilleures intentions du monde, de nous réunir *tous* au dogme le plus accrédité, et de poser sur lui seul le levier moral dont on s'accorde à sentir le besoin. Quand la nature de notre constitution et la forme de notre gouvernement le permettroient, il n'est évidemment plus possible de faire recevoir à *tous* que le joug de la morale pure, sur la théorie et la pratique de laquelle on est *tous* d'accord. Mais aussi, comme l'intérêt de la société en général le veut, et notre état particulier l'exige, peut-on imposer à *tous* ce joug sans rien diminuer de la perfection que la morale reçut de la croyance, de la foi simple de *nos pères*, considérés comme soumis à la même doctrine de JÉSUS, malgré la diversité de leurs opinions, des cultes et des dogmes qu'ils professèrent. Cette uniformité générale et naturelle, la seule qu'on doive et qu'on puisse aujourd'hui se proposer, n'empêchera personne de donner particulièrement, à sa vie publique et privée, la sanction de la croyance à laquelle il sera attaché sincèrement. Bien au contraire, la morale publique doit en faire elle-même l'invitation; car, cette sanction, quand une persuasion véritable et intime la donne, est au fond une nouvelle et forte garantie de la fidélité des citoyens à remplir leurs devoirs sociaux : garantie nulle, néanmoins, si on l'exigeoit, parce que la persuasion qui en est le principe, ne dépend de personne.

PARAGRAPHE VIII.

RELIGION CIVILE,

Exemple du LIEN *de la Morale universelle à donner au gouvernement représentatif.*

J'OFFRE ici pour exemple du code de la morale publique à instituer légalement, une *déclaration de la morale républicaine, des devoirs de l'homme et du citoyen*, la seule complète et systématique qui ait été proposée. Trois fois elle fut présentée avec des changemens à la Convention, et je l'ai depuis, encore une fois, reconstruite. La raison de ma constance à la retravailler et à la reproduire, sera expliquée et sentie, si l'on considère que, témoin et acteur dans tout

le

le cours de la révolution, je me suis toujours plus confirmé dans cette opinion, qu'il n'est pas possible, comme je l'ai dit, de la terminer heureusement pour la liberté générale et les droits de l'humanité, sans des moyens et un plan, fondés sur l'établissement de la morale publique, fortement organisé. Cette déclaration, base de cet établissement, je l'ai divisée en trois titres, de vingt articles chacun, d'après les rapports de l'homme avec *ce qui existe au-dessus de lui*, avec *lui-même*, avec ses *semblables*. Elle est suivie d'un *Commentaire* pour chaque article, et d'une table analytique. Ce Commentaire et cette table ont pour objet d'aider ceux qui, la prenant pour le type de leurs principes et la règle de leur conduite, voudront la méditer, se l'expliquer à eux-mêmes, et l'expliquer aux autres.

Je crois avoir ainsi rassemblé dans

des cadres naturels et commodes, les principes les plus universels, et les maximes les plus précieuses de la morale. Je crois l'avoir ainsi réduite en une doctrine complète, convenable à tous les esprits, propre à tous les cœurs, s'accordant avec toutes les opinions, et digne de former la base de l'enseignement de la jeunesse, de l'Instruction-du-peuple, de la Censure nationale sur les fonctionnaires publics, et d'autres institutions que l'établissement de la morale publique doit supporter. Je ne l'ai attachée à rien de spirituel; je n'ai eu recours à aucune révélation, et n'ai point choqué cependant ces principes révérés, plus utiles, quand rien sur-tout ne les remplace, que des préjugés nouveaux ne veulent l'accorder. La morale universelle et pure, ainsi offerte, formeroit très-bien ce ciment, ce LIEN commun qui manque encore aux républiques.

Il ne différeroit des religions fondées sur des dogmes, par les législateurs anciens, qu'en ce qu'il les embrasseroit toutes, les lieroit ensemble, et différent d'elles, se composeroit uniquement, de la contemplation et de l'étude de la nature, du sentiment et de la raison.

La réunion des opinions et des croyans, avec la philosophie et les philosophes de toutes les sectes, éléveroit à la plus grande hauteur, le principe si justement proclamé, nécessaire aujourd'hui et probablement à jamais indispensable, de la *tolérance* : on l'appliqueroit à la pratique ; on le rendroit familier à nos mœurs, ce qui est loin encore d'exister !

Outre la réunion de toutes les opinions religieuses ou philosophiques que j'ai eu en vue dans l'idée que je me suis faite de la base de l'établissement de la Morale-publique, il faut qu'elle offre celle de toutes les pensées et maximes sublimes, propres à améliorer les hommes, à développer leurs sentimens, à perfectionner leur raison, à fortifier leur corps, et que ce soit dans le style lapidaire ou aphoristique le plus convenable. — On jugera, jusqu'à quel point j'ai réussi, autant dans le Commentaire que dans la Déclaration.

Si j'ai rempli mon dessein, j'aurai proposé la *religion civile*, la plus convenable aux temps, par rapport à notre état de civilisation, à la forme de notre gouvernement, et au progrès actuel des lumières : j'aurai exécuté ce que J. J. Rousseau déclare, sous cette même dénomination, être une partie essentielle de l'organisation sociale, et dont il explique très-bien la nature dans le Liv. IV. Ch. VIII. de son Contrat-Social : j'aurai proposé le *code moral de religion* que demande *Raynal*, à la sagesse des gouvernemens, dans le Liv. XIX. de son grand ouvrage, et qu'un peuple libre est seul dans la possibilité et la puissance de se donner ; ce que cet écrivain n'a point apperçu : j'aurai fourni le premier exemple de cette *religion susceptible, comme les lois politiques et civiles, de révision, de modification et de réforme, selon l'état de la civilisation et les besoins de la société*, que désire Helvétius, Liv. II. Ch. XVII. de son ouvrage *de l'Esprit* : j'aurai enfin résolu le problême le plus difficile peut-être, qui s'offre dans ce qui reste à découvrir pour la perfection de l'art social.

Ceux qui voudront approfondir cette partie de l'organisation du corps politique, aussi intéressante et nouvelle qu'indispensable pour un peuple libre, doivent lire les passages des auteurs que l'on vient de citer : mais ils doivent aussi connoître les écrits par lesquels j'ai plusieurs fois pressé la Convention de réaliser ce vœu formel, mais point encore développé, des précurseurs de la liberté générale, les plus connus et les plus respectables.

PARAGRAPHE IX.

Invitation aux amis de la liberté, pour accélérer l'établissement de la morale publique.

J'AI à faire une autre invitation. Les amis ardens de l'humanité, les républicains sentiront enfin le besoin de l'établissement de la Morale-publique ; ils voudront en accélérer, autant qu'il est en leur pouvoir, l'établissement, et tirer, pour eux-mêmes, quelque profit des méditations et du petit livre que je leur offre. Eh bien ! qu'ils abandonnent les fausses routes dans lesquelles, aux deux extrêmes, leurs ennemis les retiennent et les égarent depuis si long-temps; et qu'ils se ralient autour du flambeau de la morale, comme au fanal du port où ils aspirent. La MORALE-PUBLIQUE, et L'INSTRUCTION-DU-PEUPLE ayant dû faire leur force, et pouvant seule aujourd'hui les protéger efficacément, qu'ils s'y attachent désormais, et qu'ils cherchent les moyens de les faire développer par des institutions amies et protectrices de la *liberté*, de l'*égalité* et de la *république*.

En attendant que ces objets soient considérés, comme ils doivent l'être, dans l'art de constituer les sociétés, et de les gouverner pour le bonheur de l'universalité des associés; en attendant qu'il y ait une *déclaration des devoirs de l'Homme et du Citoyen*, qui présente au nom du peuple souverain un tableau de la MORALE-PUBLIQUE, complet et digne de lui, que les amis de la liberté lisent seulement, chaque jour, un article de celle qu'on leur propose ici; qu'ils s'habituent à cette lecture journalière, en y ajoutant celle de l'article correspondant du Commentaire, et qu'ils en méditent chaque fois, selon leurs propres lumières, dans leur conscience, seuls ou en réunion de famille ou d'amis et de frères, le sujet : ils donneront ainsi, à leur esprit et à leur cœur, une nourriture nécessaire sans être exclusive, et ils ne tarderont pas à reconnoître ses effets salutaires, quelles que soient d'ailleurs leurs opinions religieuses, et même leurs opinions politiques.

Tous les deux mois ils recommenceront la lecture de ces articles ; à la fin de l'année, ils les auront six fois relus et médités : quelques minutes par jour auront suffi; et cependant, s'ils les emploient avec sincérité, bonne - foi ; s'ils recherchent et secondent en eux - mêmes les inspirations qui naîtront au fond de leur cœur, ils devront à ce court et simple *exercice-moral*, beaucoup de bonnes actions et d'excellentes pratiques, de se préserver de bien des maux physiques et moraux, d'être meilleurs, plus instruits, plus libres, plus sains, plus forts, plus heureux et plus utiles.

PARAGRAPHE X.

Développemens ultérieurs de la nature et des effets de l'établissement de la Morale-publique.

Après la promulgation de la Morale-publique, au nom du peuple souverain, si l'on élève sur elle les institutions qu'elle doit supporter, celles par exemple, pour l'instruction du peuple, des *lectures publiques dans les amphithéâtres populaires*, de leur *di-*

rection centrale, de la *perfection* te de l'*universalisation du langage et de la meilleure prononciation* par ces lectures, des *réunions fraternelles*, de leur direction, etc. (1), elle formera la nation aux meilleures

(1) Voyez les lois qui ont été proposées là-dessus à la Convention, dans la seconde édition de l'ouvrage qui me tira de la liste fatale; *Bases fondamentales de l'instruction publique et de toute constitution libre ; ou moyen de lier l'opinion publique, la morale, l'éducation, l'enseignement, l'instruction du peuple, les fêtes, la propagation des lumières, et le progrès de toutes les connoissances, au gouvernement national républicain*, etc. ... Cette seconde édition de l'ouvrage que j'avois donné au milieu d'avril 1793, avoit réuni tout ce que j'avois fait jusqu'au mois d'octobre suivant, et fut en grande partie distribuée à la Convention. Je ne veux pas reparler de la *Censure-nationale*, dont l'idée et le mot ont épouvanté tous les partis : elle leur auroit cependant à tous évité de bien grands malheurs ! Victimes du 31 *mai*, de *prairial*, du *Panthéon* et de *Grenelle* ;

habitudes, et l'amènera insensiblement à cette UNITÉ particulière, à cette *ressemblance de mœurs*, sur laquelle J. J. Rousseau a si fortement insisté, en s'occupant du sort de la nation polonaise : comme lien simplement politique, elle s'adaptera parfaitement au gouvernement représentatif ; et un jour, peut-être remplacera-t-elle les débris des religions anciennes qui en ont servi, et qui ne sont que l'œuvre de l'esprit humain.

Mais au reste, on le répète, la Morale-publique et ses institutions n'empêcheront pas du tout les dogmes et les cultes existans, ou qui pourront exister, de concourir à tous les biens qu'elles sont destinées à produire. Dans

---

elle vous eût protégé ; elle eût sauvé parmi vous l'innocence ; elle eût, après vous, sauvé vos propres bourreaux ; il y en eut par-tout d'innocens, plus fautifs encore que coupables ou criminels !

l'état actuel des choses, confiées à un ministère public, expressément créé, lequel est indispensable, elles formeroient une sorte de *lien* général, sans dogmes ni culte, supérieur dans l'ordre politique seulement, en ce qu'il lieroit au gouvernement toutes les opinions religieuses, qu'il les uniroit en une espèce de faisseau, et les feroit servir comme des sœurs, à exciter et à soutenir les vertus sociales. En employant ainsi sans distinction, l'influence que chaque croyance religieuse pourra seule par elle-même, conserver ou acquérir, on donnera à l'action de la morale, la force qu'elle doit avoir dans un état libre, puisqu'elle n'est pas moins que l'esprit vital du corps politique, et l'on réalisera la réunion des croyans, dont le projet flotte depuis un demi-siècle, parmi les plus éclairés et les plus philantropes de leurs partisans. Ce projet principalement percé au temps de

Ganganelli : mais on n'a rien écrit de ses moyens d'exécution ; ils étoient alors si difficiles ! Ce pape reçut de la main de ses prêtres le poison et la mort, quand il n'étendoit encore ses vœux qu'à unir de quelque lien de fraternité les sectes chrétiennes.

Aujourd'hui, la révolution de France et ses triomphes applanissent tous les obstacles à ce bien partiel désirable ; et l'on peut le completter : On peut transporter dans notre gouvernement représentatif républicain, ce levier de la philantropie, qui a si long-temps, et si puissamment servi les prêtres de Rome, sous le voile de la religion chrétienne seulement : et l'on en augmentera de beaucoup l'étendue, en appelant dans la république, au soutien de la *liberté* et de l'*égalité*, non-seulement toutes les sectes chrétiennes, mais encore tous les autres croyans qui existent ou qui pourront exister.

PARAGRAPHE XI.

Quelques moyens d'exécution, et motifs d'y travailler.

Pour opérer et proclamer solemnellement la réunion de toutes les opinions religieuses et philantropiques, au soutien de la Morale-publique, quelle belle entreprise ne seroit-ce pas de convoquer au nom de la RÉPUBLIQUE FRANÇAISE, une assemblée, une espèce de *concile*, pour y faire arrêter les points généraux de *Morale-publique*, et les moyens principaux d'*Instruction-du-peuple*, que toutes les sectes et cultes particuliers, admis et appelés dans son sein, seroient tenus d'admettre et de servir, sous la surveillance et direction suprême du ministère public pour cette partie du gouvernement. Tout individu envoyé par une collection respectable de citoyens ou même d'étrangers, y seroit admis : le résultat des discussions arriveroit au sein de la puissance législative : celle-ci construiroit alors la déclaration de la *Morale-publique* ; elle traceroit le plan des *institutions morales*, avec cette sagesse profonde qui écarte les oppositions, et qui voit d'avance l'effet d'une maxime ou d'un principe jeté dans toutes les têtes dont se compose une NATION : l'acceptation solemnelle du peuple, sanctionneroit après le tout, et le rendroit constitutionnel. Resteroient ensuite les lois réglementaires, à faire avec la même sagesse, pour le développement et la marche des *institutions morales* ; lois d'un ordre particulier et nouveau : tous objets susceptibles des plus grandes combinaisons, et d'une infinie délicatesse, dans lesquels se trouve, on ne craint pas de le dire, l'organisation la plus nécessaire pour la liberté, la plus essentielle à l'état républicain.

On a dit plus haut qu'il ne falloit pas s'étonner, ni de leur nouveauté, ni de leur complication. Celle-ci n'est en effet réellement qu'apparente ; elle s'évanouit devant l'attention que J. J. Rousseau lui-même exigeoit des lecteurs de son Contrat-Social. Eh! quel sujet fut jamais plus digne d'être assimilé à ceux que cet écrivain célèbre traita aussi avec le même danger des défaveurs que nous devons redouter plus que lui ? Nous implorons donc de nos lecteurs l'attention qu'il demandoit des siens : avec elle, on appercevra les points les plus délicats de notre systême, comme en fixant les yeux, on voit ceux d'une perspective rapidement dessinée. Alors, à ceux qui les comprenant, les mépriseroient, nous rappellerons encore uniquement l'importance pour la liberté et les mœurs, dont fut jugée, dans la république d'Athènes, la simple addition d'une seule corde à un instrument.

Il s'agit ici d'une influence bien plus grande sans doute : pour comprendre cependant l'une et l'autre, il faut également sentir ce que la liberté et l'égalité peuvent sur un peuple. Avec ce sentiment, tout esprit appercevra bien vîte à quel dégré celle dont il s'agit ici, avancera l'art social.

A peine peut-on esquisser la partie de l'exécution d'un systême aussi considérable : chacun en imaginera les moyens. Celui qu'on propose ici, paroîtroit devoir déterminer une adhésion générale ; il n'est pas autre que ce qui a été si souvent et si utilement pratiqué dans la chrétienté, pour l'établissement de nouveaux points de discipline, ou de nouveaux dogmes. Maintenant, combien ne seroit-il pas politique et avantageux à la France de s'emparer de ce ressort ; et quel motif de le faire agir, plus pur, plus grand, plus glorieux, que celui de lier les hommes, de quelque culte et croyance qu'ils soient, par le *lien* général de la morale universelle, et d'attacher ce *lien* comme il doit l'être, aux rênes du gouvernement, dans les mains auxquelles un grand peuple, une grande nation les confie ?

Maintenant, qu'il nous soit permis d'ajouter une pensée, que notre impatience seule pour des travaux législatifs aussi nécessaires, aussi urgens, nous fait concevoir: c'est qu'une législature peut très-bien les entreprendre en France, et les achever promptement. Elle n'a qu'à partir du principe, de développer la *déclaration des devoirs.* Cette déclaration acceptée par le peuple, constate la volonté de celui-ci d'avoir une *morale publique* et une *instruction* pour lui, basée sur elle. C'est assez pour autoriser la législature à élever elle-même les institutions, et à combiner ces lois d'un ordre particulier, nécessaires pour balancer au moins, si non neutraliser à ce moment la corruption générale, et amener la RÉPUBLIQUE à une véritable UNITÉ, par le seul moyen capable de l'opérer et de la maintenir.

Qu'on ne s'épouvante pas plus de la dépense que des difficultés. Les commissaires du Directoire exécutif, près les administrations, et les agens des Communes peuvent être chargés des attributions nécessaires pour agir dans cette partie comme dans les autres, sous la direction d'un ministre de la *Morale-publique et de l'Instruction-du-peuple*, et sous la surveillance du gouvernement. Mais en considérant cette institution comme elle doit l'être, et posant sur-le-champ un agent ou officier de la morale publique et de l'instruction du peuple, par arrondissement de quatre lieues de rayon, leur nombre ne monteroit à guère plus de mille pour toute la république. A 2000 livres chacun, ce seroit une dépense de 2,000,000 liv. : et si l'on ne créoit ce ministère nouveau qu'à mesure qu'on trouveroit les sujets propres, ou qu'on les formeroit par essai, au moins pour les lieux qui en ont le plus pressant besoin, la dépense se réduiroit à une bagatelle : et cependant, qu'on réfléchisse à l'étendue du bien qu'on opéreroit ! Les agens de la morale publique, posés pour correspondre avec le ministère central, auroient seuls besoin d'un salaire, devant être toujours en action, et se transporter souvent d'un lieu à un autre, *apostolisant* au nom de la république et de la religion civile. Ils trouveront par-tout des patriotes purs, zélés, dociles et éclairés, qui aspirent après cette institution, et qui seront empressés de les seconder gratuitement dans le lieu de leur domicile.

Si on avoit voulu employer ces moyens, la guerre sanglante de la Vendée, les malheurs de Lyon, les massacres du Midi, nos divisions intestines, si meurtrières, eussent-elles jamais existé ? La dépravation des *réunions de citoyens*, connues sous le nom de *sociétés populaires*, et celle de l'*esprit public*, eussent-elles jamais eu lieu? Tout seroit-il, comme il l'est aujourd'hui, à cet égard, anéanti ?

PARAGRAPHE XII.

CONCLUSION.

L'établissement de la Morale-publique est le moyen d'accorder la liberté et l'égalité, avec le repos civil, la tranquillité domestique et la prospérité nationale.

POUR accorder la liberté et l'égalité avec la sécurité civile, la tranquillité domestique, et toutes les occupations nécessaires à la prospérité nationale, ce qu'on semble désirer de toute part, rien n'est plus conforme à la nature des choses, et n'offre des moyens plus efficaces, que les principes et les vues politiques de l'établissement de la morale publique.

Sans cet établissement, digne de tous les efforts et de tous les sacrifices pour l'accélérer, dans les circonstances sur-tout où nous sommes depuis le 18 *Fructidor*, on ne peut espérer de garantir mieux maintenant, que par le passé, la liberté publique, des abus de l'égalité en droit. Ces deux choses continueront autrement, de se combattre, tantôt par l'anarchie (mot qui n'a, au fond, jusqu'à présent signifié que le zèle aveugle, égaré par les ennemis de la liberté, faute de principes et de doctrine pour le guider), et tantôt par le royalisme et l'aristocratie, travaillant en secret ou à découvert, et toujours conduits par les ennemis de la France, qui agissent sans cesse pour la démembrer et anéantir sa puissante prépondérance.

Envain, auroit-on, avant le 18 fructidor, voulu imputer ce cours des choses à leur nature; on n'eût receuilli que le déshonneur des lâches concessions qu'on ménageoit aux ennemis de l'*égalité* ou même de la liberté. En sacrifiant de celles-ci au repos public, on comprimera bien quelque temps ces ressorts; mais les brisera-t-on? Il vaut bien mieux chercher de bonne foi les moyens naturels de les conserver et de les faire agir, en simplifiant leur action, et en adoucissant leurs frotemens.

Ces moyens doivent certainement exister. La CAUSE PREMIÈRE qui a fait l'homme un être *sociable*, n'a voulu ni son esclavage, ni son malheur; elle a voulu qu'il fût libre et heureux *en société*. Le désespoir d'une ame sensible l'a vainement rappelé dans les bois; il n'a point été fait pour y vivre. Il faut donc qu'il lui ait été donné de pouvoir (son génie perfectionnant l'art social) accorder l'état de société où il est appelé par sa nature, avec sa liberté, son repos, les jouissances dignes de lui, et cette douce égalité, nécessaire à son bonheur, dans laquelle il lui a été jusqu'à présent, comme impossible de se maintenir.

Que de motifs de rechercher sérieusement aujourd'hui les moyens naturels de conserver et faire marcher ensemble ces choses, d'une manière pure et satisfaisante! La république de France entraîne, par l'exemple et sa force, les peuples qui l'environnent : toutes les parties du monde ont reçu une impulsion de ses principes : ses colonies ont principalement souffert du combat que les préjugés et la tyrannie y ont soutenu contr'eux : un peuple nouveau,

veau, bon, mais retardé par bien des causes, dans ses progrès de civilisation, s'y présente pour jouir subitement de toute la plénitude de la liberté: la mère-patrie maintenant réclame, au nom de la protection dont il a besoin, la même quantité de reproductions que ce peuple faisoit naître quand il étoit dans les fers, et cela, sous un climat qui lui offre le nécessaire, sans travail : enfin, pour le repos de la génération présente, et les ressources qu'une nation doit se créer au dehors par sa jeunesse entreprenante, des colonisations nouvelles de divers genres, sont à effectuer avec plus de sûreté, d'avantages, de facilités et de garanties, pour les Colons, que n'en ont offert jusqu'à présent ces entreprises nécessaires: quelle force centrale, essentiellement conservatrice de nos principes, sagement combinée, et quels moyens correspondans, universellement répartis, ne faut-il pas pour empêcher que de si grands, de si universels mouvemens ne dégénèrent, ne se corrompent et ne ramènent, comme ont fait tant d'autres révolutions, la tyrannie des rois ou de l'aristocratie. L'esclavage des peuples ou d'une partie d'eux peut aujourd'hui, comme autrefois, revenir sous des noms, des formes et des prétextes nouveaux, assez apparens pour tromper la multitude, par-tout encore sans organisation, et si facile à conduire comme à égarer sans qu'elle s'en apperçoive de long-temps.

Le peuple n'a encore, nulle part, des moyens de se défendre d'un empiètement progressif et habile de ses droits, de la part de ceux qui arrivent au gouvernement le plus populaire, avec d'arrière-pensées de le miner et de le détruire. La portion du peuple français, qui a coopéré activement à la révolution, s'est trop souvent abandonnée aux mouvemens de son inquiétude, que ses ennemis invétérés ont excité et fait agir en divers sens, pour faire périr dans ces alternatives les amis de la liberté, qu'ils parvenoient à faire travestir à ses yeux. Eh bien! à chaque mouvement qu'on est parvenu à faire faire à cette portion du peuple à laquelle on rendra plus de justice dans l'avenir que dans les temps présens, le peuple s'est avancé vers de nouveaux fers. Il y seroit infailliblement tombé, si une constitution républicaine, stable, n'étoit venue l'arrêter sur les bords du précipice; mais l'abîme est-il comblé? Notre situation et les événemens le montrent; l'établissement de la morale publique peut seul le fermer.

Combien tarderons-nous encore à mettre à profit les avis les plus précieux, donnés par les ennemis de la révolution? Quelle fureur n'ont-ils pas montré contre l'idée de la *propagation* de nos principes ! Qu'on n'ait pas d'établissement pour les propager au dehors, puisque nos fidèles alliés en prendroient de l'inquiétude ; ou plutôt, qu'on laisse ce soin à nos armées qui s'en sont assez bien acquittées, et à l'aveuglement des rois qui croient se sauver en résistant : mais qu'on lie, pour l'intérieur, nos principes en faisseau, afin de les conserver et de n'en perdre aucun : qu'on en fasse une doctrine, pour qu'ils s'attachent les cœurs, nourrissent les ames et combattent la contagion de tant de préjugés soutenus par d'autres doctrines en libre et pleine circulation : qu'on les offre ainsi en un code de religion civile, pour qu'ils rallient mieux les républicains, et désarment quelques-uns, au moins, de leurs ennemis : qu'on en pénètre et sature enfin le corps politique, pour l'animer, et guérir bien de ses parties qu'on dit profondément atteintes de corruption.

Aussi, où ne parle-t-on pas de la morale et de sa nécessité ? Chacun en sent le besoin ; mais très-peu de personnes, sans doute, ont encore apperçu l'ensemble des moyens de l'établir, puisqu'on ne fait absolument rien pour cet objet intéressant, quand on est prodigue pour tant d'autres qui sont purement ruineux et corrupteurs.

Qui ne dit pas avec trop d'orgueil et de présomption : « Il faut une reli-» gion au peuple ! » C'est un propos par lequel chacun la renvoie à son voisin comme quelque chose qui ne lui sert de rien ; et ce propos retentit jusqu'au milieu de nos campagnes. On sent que ceux qui parlent ainsi le plus de religion, en ont le moins d'aucune espèce.

Hâtons-nous donc d'en établir une, purement civile, sur le code de laquelle nos mains se joignent dans nos contrats, qui nous rappelle la fidélité et la bonne foi dans nos conventions, qui lie tous les citoyens d'un même nœud que leurs opinions particulières, sincères, s'accorderont à resserrer.

Comment s'entendre cependant sur cette matière, et arriver à un résultat qui puisse convenir à toutes les opinions, à tous les sentimens, à tous les caractères, à tous les intérêts ? c'est, sans doute, en recherchant des principes et des moyens tirés de la nature même des choses. Aussi trouvera-t-on que tel est mon plan et le but de la déclaration des devoirs de l'homme et du citoyen, qu'on va lire.

Je les retravaillois sous le despotisme décemviral, avec l'espérance de ramener, par eux, les républicains aux principes de la liberté et de l'égalité qu'on prétendoit établir, non par la justice la plus sévère, mais par des atrocités conduites par nos ennemis. Personne ne doute aujourd'hui combien on s'étoit alors écarté de la route. J'avois prêché dans le désert avant cette tyrannie; elle m'auroit compris dans quelque complot, si elle avoit connu le but de mes travaux; et quand elle a été renversée, je n'ai pas eu plus de réussite en les publiant.

Les passions humaines ont aussi-tôt, apr s le 9 thermidor, élevé une autre tyrannie; croissante chaque jour, elle étoit devenue plus hideuse : le 18 fructidor l'a renversée; et l'on est encore en peine sur le sort de la liberté et des patriotes, tant l'esprit public perverti, laisse incertain celui des élections prochaines. Puisse ce jour être enfin l'époque de l'établissement de la Morale-publique, que j'ai été au moins constant à proposer comme le véritable remède aux maux de l État!

Il peut seul mettre tous les citoyens d'une aussi vaste république, à même d'exercer régulièrement tous leurs droits politiques, sans péril pour la liberté publique et l'égalité individuelle, le vrai but de la révolution.

DÉCLARATION

DES DEVOIRS DE L'HOMME ET DU CITOYEN.

TITRE PREMIER.

Rapports supérieurs de l'Homme et du Citoyen : devoirs qui en résultent.

ARTICLE PREMIER.

HOMME, CITOYEN!

VOIS la source de la morale dans les lois harmoniques de la nature : cherche tes devoirs dans l'essence de ce qui t'environne, et celle de ton bonheur : écoute la voix intérieure de ta conscience ; qu'elle soit le juge et le guide de tes sentimens et de tes actions.

II.

Les merveilles de l'univers font jaillir les premières étincelles de ta sensibilité et de ta raison; elles adoucissent ton cœur; elles l'ouvrent à la moralité; elles le rendent reconnoissant.

III.

Etudie les lois de ton existence : fonde sur elles les arts utiles : ces arts te nourrissent, te vêtent, te couvrent, te protègent, te perfectionnent; ils contribuent à te rendre heureux.

IV.

Examine, nomme, décris, classe tous les êtres qui frappent tes regards; éprouve toutes les substances qui t'entourent; découvre la marche des cieux; cultive et parcours la terre; échange ses produits; recueille par-tout les inventions utiles et les bons exemples.

V.

L'étude et la contemplation de la nature multiplient tes perceptions, agrandissent ton esprit, rectifient tes sentimens, animent et guident ton sens intime; elles t'apprennent à vivre et à faire le bien dans toutes les positions.

VI.

Que l'amélioration de ton être soit sans

cesse l'objet de tes méditations et de tes efforts ; elle t'affranchira de l'esclavage, te fera chérir la liberté, suivre la vertu, fuir le vice, et sortir de la corruption.

VII.

Fais-toi une juste idée de la *perfection* ; qu'elle soit en tout ton modèle ; en dirigeant ta volonté, elle te distinguera de la brute ; elle développera ton génie, excitera tes talens, échauffera ton cœur ; qu'elle exhalte ta *bienfaisance*, et conduise ta *modération*.

VIII.

L'harmonie des êtres éclairera ton esprit sur les principes et la vraie perfection de tous les objets qu'il contemplera : source du vrai beau et du bon véritable, elle t'apprendra à les connoître, à les sentir, à les estimer, à les chérir, à les produire.

IX.

Représente-toi toutes les perfections réunies à l'intelligence universelle ; élève ta raison, ton esprit et ton cœur à la CAUSE-PREMIÈRE-DE-TOUT-CE-QUI-EST.

X.

La Nature est le livre où tu étudieras ce premier moteur, le Dieu de tous les peuples, l'objet de tous les cultes, la base de toutes les opinions religieuses.

X I.

Quelqu'idée que tu te fasses de la Cause-première, tu penseras que l'étude de ses œuvres est son culte le plus raisonnable; l'univers, son temple le plus magnifique; un cœur simple et pur, son plus digne autel; de bonnes actions, la prière et le sacrifice qui lui sont le plus agréables.

X I I.

Tes opinions religieuses seront diverses; mais tu écouteras les mêmes inspirations, tu obéiras aux mêmes devoirs, tu arriveras aux mêmes résultats : fais le bien; évite le mal; sois content de ton sort; espère pour tes sacrifices, redoute pour tes fautes, de justes compensations.

X I I I.

Vois la justice éternelle également immuable dans les lois de la nature et dans les décrets de la providence ; porte tes regards plus loin que la prospérité du méchant et les malheurs de l'homme juste.

X I V.

La bonté récompensée et la méchanceté punie, la satisfaction du cœur pur et les regrets du cœur coupable, le calme de l'un et le désespoir de l'autre te paroîtront assurés dans le présent et l'avenir, par un ordre constant et des lois immuables.

X V.

Fidèle à ta raison et maître de tes sens, tu marcheras sans détour dans les sentiers de la vertu : seul ou en présence d'un témoin, tu agiras avec la même simplicité, tu te conformeras à ta nature et à tes devoirs.

X V I.

Fortifie ta morale et ton sens intime par de bonnes habitudes, et tu seras toujours dans d'heureuses dispositions : examine soigneusement ce qui peut dégrader ton être, le corrompre, ou bien l'améliorer.

X V I I.

Ne disant que ce que tu crois vrai ; combattant toujours ce qui te semble pernicieux ; ne proposant que ce que tu penses bon, et ne faisant jamais que ce que tu estimes le meilleur, tu t'honoreras toi-ême, tu obéiras à la Cause-première de ton existence, et tu concourras à l'ordre universel.

XVIII.

Évite soigneusement le mensonge et l'erreur : tu ne représenteras point tes conceptions par des images ou des personnes ; tu ne tomberas point dans l'idolatrie et la superstition : ton esprit s'attachera purement aux principes, et ton cœur aux sentimens.

XIX.

A la fin d'une vie sans tache, tu t'endors avec calme dans le sein de l'Univers, tu t'élences sans crainte dans une autre existence, tu vois la mort sans alarme.

XX.

Tu portes en toi les principes naturels de ta moralité : leurs règles, pour que tu sois heureux, font seules tes devoirs; étudie-les envers ce qui t'est supérieur, observe-les envers toi-même et tes semblables : connois tes rapports prochains et les plus éloignés.

TITRE SECOND.

Rapports de l'Homme et du Citoyen à eux-mêmes ; devoirs qui en résultent.

ARTICLE VINGT-UNIÈME.

HOMME, CITOYEN!

ÉTUDIE ce que tu serois dans la vie sauvage, ce que tu deviens dans une société barbare ou corrompue, ce que tu dois être dans une *société régénérée* : CONNOIS-TOI TOI-MÊME !

CONNOIS-TOI, relativement aux lois de ton existence .... *Habite avec toi-même !*

XXII.

CONNOIS-TOI, relativement à ce qui te conserve..... *Prends soin de ta personne!*

XXIII.

CONNOIS-TOI, relativement aux causes de ta destruction..... *Souviens-toi de la mort !*

XXIV.

CONNOIS-TOI, relativement à ta nature, à ton essence..... *Vis sans faire de mal !*

XXV.

Connois-toi, relativement aux liens politiques qui te lient à tes semblables..... *Raisonnable et courageux, tu jouiras de la liberté !*

XXVI.

Connois-toi, relativement à tes facultés intellectuelles..... *Défie-toi des illusions de ton imagination et des passions de ton cœur !*

XXVII.

Connois-toi, relativement à la cause première de ton existence..... *Fuis l'idolatrie, respecte le zèle éclairé et sincère, méprise l'imposteur, combat la superstition.*

XXVIII.

Nourris ton esprit de connoissances utiles, et ton cœur de sentimens généreux : fortifie ta raison par la méditation et la pratique des vertus sociales, ton corps par l'exercice et le travail, ta santé par la tempérence et la frugalité.

XXIX.

Écarte de ta personne toute souillure : respire l'air le plus pur : chaque jour *ablue-toi* :

que des frictions, l'eau, l'air et la lumière entretiennent la pureté de tes humeurs.

XXX.

Plein de confiance dans les lois de ton organisation, que la crainte de la douleur, de la maladie ou de la mort, ne te rende jamais pusillanime : sers-toi de tes moyens et de tes lumières pour ne pas t'accabler de soins superflus, pernicieux.

XXXI.

Vis dans les limites exactes de la nature : *malade*, nettoie tes entrailles et le reste du corps ; abstiens-toi ; écoute ton instinct ; repousse le poison que l'inquiétude, l'incurie et le charlatanisme te présenteront.

XXXII.

Régénéré, tu n'auras plus des légions de maladies à craindre ; elles sont pour les hommes dépravés, victimes de l'erreur, subjugués par le vice, en proie à leurs préjugés et à leurs passions, asservis à la tyrannie.

XXXIII.

Ton ardeur pour la prospérité de ta patrie, pour l'amélioration des lois et ta propre perfection, sera le produit nécessaire de l'amour inné de toi-même.

XXXIV.

Après la liberté de ton pays, et la satisfaction de le servir, désire par dessus tout de vivre obscurément, entouré des merveilles de la nature et de son inépuisable fécondité.

XXXV.

Sois simple sans rudesse, civil sans légèreté ni fadeur. Que le travail et l'appétit aiguisent tes desirs, excitent tes goûts. Aimer et connoître, seront tes plus grandes jouissances; humanité, ton premier devoir; liberté, patrie, tes plus fortes affections.

XXXVI.

Rejète toute superstition, toute charlatannerie : ferme ton cœur à l'appât du jeu et des chances du sort : repousse tout gain que ne justifient ni le talent, ni le travail, ni la reproduction : sois content de ce que tu possèdes.

XXXVII.

Redoute plus que la mort la dépendance : exerce un métier; n'attends au besoin tes alimens que de tes bras ; méprise qui, en santé, reçoit les siens d'un autre.

XXXVIII.

N'intervertis que par nécessité, l'ordre que la nature à fixé à tes travaux ; travaille le jour ; repose-toi la nuit : économe du temps, sois précis dans tes discours ; avare de paroles, promets moins, tiens beaucoup.

XXXIX.

Toujours prêt à quitter la vie, marche sans crainte : exempt de reproche, ayant fait quelque bien, tu auras joui, tu auras assez vécu, tu mourras en paix.

XL.

Fidèle à tes devoirs envers toi-même, tu seras déjà parmi les êtres les plus fortunés ; mais tu rempliras encore ceux de Citoyen, et l'amour de la patrie ouvrira ton cœur aux jouissances les plus exquises.

TITRE TROISIÈME.

Rapports de l'Homme et du Citoyen avec ses semblables ; devoirs qui en résultent.

ARTICLE QUARANTE-UNIÈME.

HOMME, CITOYEN!

VOIS toutes les perfections dans l'intelligence universelle, dans la *Cause-première de tout ce qui est* : fais dériver d'elle l'amour que tu dois porter à ta patrie et à tous tes semblables.

XLII.

Ta croyance est une garantie de ta fidélité : si tu ne peux croire, que d'heureuses habitudes et des principes stables soient ta caution et ton égide ! par ta moralité, sois uni aux hommes pieux de toutes les opinions.

XLIII.

Conforme-toi à ta propre nature et à l'essence des choses : écoute la voix intérieure qui te guide vers ce qui est utile et bon : juge tes sentimens et tes actions au fond de ta conscience ; dans le doute, abstiens-toi d'agir.

XLIV.

Mets en contraste la grandeur de la nature avec ta petitesse : devant elle, que tes passions se taisent, tes préjugés disparoissent ! tes passions, tes préjugés étouffent la vérité, immolent la justice !

XLV.

Tu ne confondras point l'origine de la société avec la perfection de l'art social : recherche l'organisation du corps politique dans le type que la nature en donne en toi-même.

XLVI.

Associe ton existence avec toutes les harmonies ; qu'elles te rendent ennemi des déchiremens : sois uni d'amour à la Cause-première de ton existence, à tous les hommes, à ta patrie, à ta femme, tes amis, tes voisins, tous tes concitoyens.

XLVII.

Tu désireras être remplacé dans la nature et la société par des êtres meilleurs que toi-même : dans ce dessein, conserve-toi, perfectionne-toi, choisis avec soin ton amie, ta compagne; ne t'unis jamais à des femmes dépravées, infidèles.

XLVIII.

Liés par l'hymen, l'amour, l'estime et l'amitié, ÉPOUX! cultivez ensemble votre raison; supportez ensemble vos travaux; encouragez-vous mutuellement au bien; soyez-vous mutuellement fidèles: sacrifiez l'un et l'autre à la vertu, à l'amitié, aux graces; et le bonheur ne cessera d'habiter avec vous.

XLIX.

Respecte, fais respecter ce qui est à autrui: vois avec plaisir la prospérité de ton voisin: l'aisance honorable, la richesse utile, te représenteront le produit estimable du travail: la propriété est la base sacrée du pacte social; mais l'avarice ne rappétissera pas ton esprit, l'usure ne durcira point ton cœur.

L.

Doux dans tes moyens, fort par tes principes, actif et prudent dans ta conduite, inébranlable dans tes résolutions, constant dans tes entreprises, sage dans tes projets, commande à la fortune, fais-toi à toi-même ta destinée.

L I.

Souviens-toi du bien; oublie le mal: hais la méchanceté; plains le méchant: réponds au mal qu'on te fait, par le bien que tu rends: désire la conversion et non la mort: dilate ton cœur par ta propre bonté, lors même que l'injustice des autres le resserre.

L I I.

Ferme ton ame à l'envie, et ton cœur à l'adulation: démasque l'hypocrite; déteste l'hypocrisie: parle peu de toi-même; sois modeste; fais le bien; que ta conscience te suffise: compte sur le progrès de la vérité, le triomphe de la raison et la récompense de la vertu; laisse à la nature des choses de punir la méchanceté.

L I I I.

Préserve-toi de toute séduction; ne prostitue jamais ton suffrage; que rien ne rende vénale ton opinion; ferme ta bouche au mensonge : enquiers-toi , pense , réfléchis , médite , examine , efforce-toi d'éclairer la majorité.

L I V.

Soumets-toi à la nécessité , supporte-la avec constance , ne désespère point ; finis , s'il le faut , par une bonne action : dans l'infortune ou la prospérité , sois le même : n'abandonne jamais la *modération.*

L V.

Prêche la vertu par l'exemple : corrige tes penchans vicieux ; maîtrise ta volonté : à l'heure du danger, brave la mort ; péris indifféremment au champ-de-bataille , sur l'échafaud ou dans ton lit.

L V I.

Honore tes parens et la vieillesse ; accueille l'étranger ; pratique la franchise , la bonne-foi , le courage : respecte la piété filiale , le travail , l'amitié , l'amour véritable , la fidélité et le malheur.

L V I I.

Aime ton semblable comme toi-même ;

en

ne verse pas le sang de ton frère : ne calomnie point ; hais la médisance : fais aux autres ce que tu voudrois qu'on te fît : dévoue-toi à la défense du foible et de l'innocent : repousse le méchant : sois fidèle à la reconnoissance : tolère les défauts d'autrui.

L V I I I.

Envers tes frères sois généreux jusqu'à l'abnégation de toi-même ; ajourne tes droits ; oublie tes intérêts : s'ils t'oppriment, pleure sur eux et non sur toi : sois sans fiel, sans amour-propre ; chéris la paix ; déteste la discorde ; fais la guerre aux vices qui l'allument.

L I X.

Ne détruis rien en vain : respecte l'arbre qui t'ombrage et te donne ses fruits ; ne fais jamais de mal à l'animal qui te récrée et que tu admires ; soigne celui qui te sert, te vêt ou te nourrit : n'abats l'un qu'avec regret ; ne tue l'autre que par nécessité, en répugnant !

L X.

Médite chaque jour tes devoirs ; classe-les selon leur nature et tes rapports ; suis-les courageusement, comme les moyens de te rendre heureux : si tu les remplis avec scrupule, tu seras le plus perfectionné des êtres de la terre, et le plus jouissant.

COMMENTAIRE
DE LA
DÉCLARATION
DES DEVOIRS DE L'HOMME ET DU CITOYEN.

TITRE PREMIER.

Rapports supérieurs de l'Homme et du Citoyen ; devoirs qui en résultent.

ARTICLE PREMIER.

HOMME, CITOYEN!

La force qui unit toutes les parties de l'univers, l'harmonie établie entre tous les êtres qu'il renferme, l'organisation de l'homme, sa sensibilité et ses rapports avec les objets qui l'environnent, la raison, le sens intérieur et la parole dont il est doué, l'instinct de sa propre conservation et le désir inné d'être heureux, ses inclinations naturelles et les conventions sociales sont la source de la MORALE, des *devoirs de l'Homme et du Citoyen* envers sa patrie et lui-même, envers l'humanité, sa famille, ses amis, ses proches, même les animaux et toutes les productions de la nature qui lui servent, ou qui, sans lui nuire, embelissent son séjour. Sa conscience, sentiment exquis, placé au dedans de lui-même, éclairée par l'instruction, doit le guider ; elle lui fait pressentir le bien pour le faire et le suivre, le mal pour s'en abstenir et l'éviter.

II.

Quel est celui que le cours réglé des astres, l'alternative constante du jour et de la nuit, la succession des saisons et les productions de la nature offertes à son usage, ne forcent pas à être reconnoissant? L'homme *sauvage* est lui-même sensible au spectacle de l'univers ; la terre, les eaux, le firmament l'éveillent à chaque pas par des merveilles ; elles excitent les premiers efforts de sa raison ; elles adoucissent son cœur ; elles l'ouvrent à la moralité, à tous les sentimens.

III.

L'homme *civilisé*, qui n'est point dégradé par le vice, la superstition ou l'esclavage, approfondit les lois harmoniques de la nature : il aspire à les connoître autant que sa foiblesse lui permet de s'élever vers elles et de les saisir. C'est le fond inépuisable de ses réflexions, de ses entretiens, de ses délassemens : il découvre et perfectionne les sciences, les lettres et les arts : les arts le nourrissent, le vêtent, le couvrent, le protègent, le perfectionnent, contribuent à son bonheur : plus il sait, et plus il éprouve le besoin de savoir ; plus il trouve d'utilité dans les connoissances, plus il acquiert de facilité pour les approfondir ; plus il étend les bornes de son intelligence, et plus il est heureux, s'il épure en même temps les affections de son cœur.

I V.

En étudiant tout ce qui l'entoure, il connoît la place qu'il occupe dans l'ordre naturel, il en jouit avec gratitude, et il suit avec courage sa destination. Par son travail et son industrie, le sol le plus stérile se fertilise, la contrée la plus sauvage se découvre, le séjour le plus agreste s'embellit, l'air et les fruits de la terre s'améliorent, les climats s'adoucissent, les saisons même reçoivent plus de régularité. Il voit avec admiration la richesse des trois règnes de la nature ; il se plaît à en observer et à en décrire les parties ; il met dans les noms qu'il leur donne la désignation originelle de leur organisation, de leurs facultés ou de leurs propriétés. Il pénètre aussi avant qu'il peut dans les secrets de l'univers ; il contemple les mondes innombrables qui roulent dans l'immensité des cieux ; il se livre avec un généreux enthousiasme à l'ambition d'étudier leur marche, de présumer leur éloignement et leurs dimensions : il parcourt la terre et les mers, et il songe moins à les rendre tributaires du luxe de sa patrie, qu'à communiquer et à découvrir tout ce que l'homme peut connoître, tout ce qui peut l'améliorer et satisfaire ses vrais besoins : par-tout il recueille les inventions utiles et les bons exemples.

V.

L'homme a *naturellement* un instinct, un sentiment par lequel il juge tout ce qui l'environne ; mais *civilisé*, la contemplation de la nature anime, étend et éclaire ce sens intérieur ; il rapporte tout ce qu'il sent, tout ce qu'il voit, à ses véritables besoins et à ceux de ses semblables ; son esprit et son cœur trouvent ainsi plusieurs boussoles pour se guider : fort de plusieurs appuis, la *nature* et sa *conscience*, l'*expérience* et la *raison*, il se conduit avec connoissance dans toutes les positions ; il dirige avec certitude, et autant qu'il le peut, la société dont il est membre, et l'humanité, vers un but commun, la liberté, la paix et le bonheur (II, III, IV).

V I.

Celui qui aspire à la gloire se prescrit un grand modèle ; l'artiste puise dans ses études et son génie l'idée du beau parfait, vers lequel son imagination dirige l'essor de son talent et les procédés de son art. L'homme *vertueux*, quelque lieu qu'il habite, et sous quelque loi qu'il vive, trouve dans ses méditations et son cœur les moyens de sa propre amélioration (V). Elle est constamment l'objet de ses efforts ; il se dirige avec ardeur vers elle ; elle l'anime, elle l'embrase, elle l'attire vers la vertu et vers la liberté : sans ce ressort, l'homme abruti ne sent ni les liens du vice, ni les entraves du mensonge, ni les fers de l'oppression ; il s'affaisse, il dégénère, il s'engourdit, il s'endort dans les plus honteuses servitudes.

V I I.

L'idée de la perfection développée par la contemplation de la chaîne et de l'harmonie des êtres, n'est ni arbitraire, ni au-dessus du commun des hommes. Elle est un *type* éternel donné aux êtres intelligens pour régler librement leur volonté sur des principes purs, semblables pour tous. Cette idée distingue sensiblement l'homme des animaux; elle est la principale source de sa perfectibilité; elle développe ses dispositions naturelles; elle éclaire et guide son sens intérieur; elle enfante le génie; elle donne aux hommes un amour raisonné d'eux-mêmes; elle leur inspire une juste modération, et fait naître dans leur cœur la bienfaisance, la charité la plus animée pour leurs semblables; elle met en correspondance d'un pole à l'autre les cœurs sensibles et bons; elle fait du genre humain une seule famille qui, par elle, s'entend et se correspond; elle console l'humanité; elle impose silence aux passions; elle fait rougir le vice; elle encourage la vertu; elle poursuit l'ignorance; elle dévoile l'hypocrisie, le faux savoir, l'*exagération*; elle appelle la philosophie ; elle se nourrit de ses méditations et s'agrandit de ses lumières : elle démasque le fanatisme ; elle imprime à toutes les croyances une même direction ; elle exige seulement une égale bonne foi : elle repousse l'imposture ; elle fait naître, elle hâte la vérité ; elle ramène sans violence des opinions erronées ; elle fait plaindre ceux qui se trompent, sans faire partager leurs erreurs.

VIII.

Les principes, source de toute règle, gardiens du bon goût, sauve-garde des bonnes-mœurs, guides du sentiment, conservateurs de la vertu, étendart des gens de bien, défenseurs de la liberté des peuples, les vrais principes en toutes choses, comment l'homme les découvre-t-il ? d'où part leur origine, si ce n'est de l'idée de la perfection, éclairée par l'étude de l'harmonie des êtres (V, VI, VII) ? Quand l'ignorance les a fait perdre, quand la corruption les a fait oublier, ou que la barbarie les déprave, cette idée seule y reconduit, y rappelle les hommes : C'est elle qui forme, au-dessus des crimes et des folies de la terre, une sorte de région élevée où habitent et se consolent les cœurs innocens poursuivis par la méchanceté, comprimés par le malheur.

I X.

L'homme *civilisé* trouve encore d'autres guides vers le bonheur, et d'autres appuis à sa moralité. La structure et la marche de l'univers, le dessein qui s'y découvre, l'échelle admirable des êtres et de leurs facultés, la supériorité de ce qui est doué d'intelligence sur ce qui en est privé ; un secret sentiment que l'ensemble ne peut être moins parfait que ses parties, que leur organisation décèle un auteur, et qu'un esprit, l'ame du monde et le principe de la vie peut seul avoir précédé, être éternel ; ces idées touchent les cœurs tendres ; elles élèvent les esprits sensibles ; elles leur servent comme de signaux pour les conduire au sentiment de l'existence d'un *Être-Suprême intelligent*, CAUSE-PREMIÈRE DE TOUT CE QUI EST : cet être est la réunion de toutes les perfections et de tous les pouvoirs ; il surveille tout, prévoit tout, pourvoit à tout, dirige tout, parle à nos consciences, donne la faculté de distinguer le bien du mal, récompense et punit.

X.

Conduit par la contemplation de l'Univers, et attaché par sa raison et pour son bonheur, à la consolente et utile croyance en un Être-suprême, l'homme *civilisé* en étudie premièrement l'existence et les attributs, dans le livre de la nature : ce livre toujours ouvert, où il apprend à s'améliorer (V), l'instruit de la véritable théologie, et lui démasque la fausse : à chaque page, des caractères, les mêmes pour tous les peuples, tous les pays et tous les siècles, y publient en traits ineffaçables, la gloire de *celui qui a tout commencé*, le *Dieu* de tous les hommes, l'objet de tous les cultes, la base de toutes les opinions religieuses.

X I.

Qu'importe la forme dont chacun, dans son intérieur revêt cette idée d'un Être-suprême, *Cause-première de tout ce qui est*, *réunion de tous les pouvoirs et de toutes les perfections ?* Qu'importe le nom qu'elle a dans chaque langue, et la couleur qu'elle prend pour chaque pays ? Les dogmes l'expliquent de diverses manières, et les hommes se la représentent selon l'exercice qu'ils ont fait de leur intelligence, la vivacité de leur ame et la pureté de leurs affections, selon qu'ils ont plus étudié le grand livre de la nature, ou qu'ils restent ignorans au milieu des merveilles qui les environnent : elle les conduit également par toute la terre, au même but; elle est pour eux tous, un même fanal : inspirée par la nature, et développée par la contemplation de l'Univers, dont l'homme est par-tout capable sans secours étranger (I I), elle soutient la morale, le seul fondement de l'ordre social à l'abri des passions humaines, des révolutions et du temps : quelque représentation que l'on s'en fasse, la contemplation de la nature, charme des doux loisirs, plaisir de tous les âges, occupation des plus longues vies, est son premier culte; l'Univers, son temple le plus magnifique; un cœur simple et pur, son plus digne autel; de bonnes actions, l'homage qui lui est le plus agréable.

X I I.

Les opinions religieuses sont diverses; elles dépendent de l'éducation : mais quelles conséquences que les préjugés ou la réflexion faissent tirer de l'existence de cet être intellectuel à l'homme civilisé ; quel que soit son DIEU, et de quelque manière qu'il l'adore, les mêmes sentimens doivent l'animer, les mêmes principes le conduire, les mêmes devoirs le lier (X I). Que la *réunion de toutes les perfections* soit même à ses yeux réelle, ou bien qu'elle ne soit pour lui qu'une simple abstraction ; qu'il la place avec l'*intelligence*, dans un être distinct de la matière, ou qu'il les étende dans l'immense sein de l'Univers, la perfection est toujours son modèle (VI, VII, VIII) : son cœur et son esprit le portent également vers elle, soit qu'il considère *matériellement* les choses, soit qu'il les soumette *intellectuellement* à un ÊTRE-SUPRÊME intelligent et tenant dans sa main le monde avec la balance de la justice éternelle. Il arrive ainsi, par divers chemins, au même résultat ; il fait le bien ; il évite le mal ; il est content de son sort ; il espère pour ses sacrifices, il redoute pour ses fautes, de justes compensations ; il se corrige, s'encourage, et se rend ainsi meilleur (V).

X I I I.

L'homme *civilisé*, instruit par la SAGESSE

qui est la RAISON aidée de l'*étude* et de l'*expérience*, reconnoît la justice éternelle; il voit son immutabilité, également dans les lois de la nature et dans les décrets de la providence : son œil se porte au-delà du triomphe de la tyrannie, de la prospérité apparente du méchant et des malheurs de l'homme juste : le méchant se punit lui-même; le tyran est malheureux par ses œuvres : tous deux sont la verge paternelle d'un dieu bon ou de la nature, mère commune, dont les lois bienfaisantes, mais générales, ramènent le bien, guérissent le mal, par les excès et les contraires. Que sont les maladies, suite ordinaire aux yeux même les moins pénétrans, de la conduite de ceux qui en sont assaillis, ou de ceux au moins, de qui ils tiennent la naissance? Que sont les malheurs et l'infortune qui découlent si souvent avec évidence, de l'ignorance, du vice ou de l'esclavage? Des moyens indispensables pour ramener efficacément les hommes à la méditation et à la vertu, les peuples à l'insurrection et à la liberté. Les maux naturellement attachés à la dépravation et à la servitude, pouvoient seuls leur inspirer ce courage constant et cette volonté énergique, nécessaires, non-seulement pour leur faire éviter ces abîmes ou les en faire sortir, mais aussi pour que l'homme, se guidant par son sens intérieur et son libre arbitre, persévère avec mérite, et qu'il cueille par-là même, les jouissances les plus délicieuses dans le chemin de la vertu.

X I V.

A ses yeux, la bonté est toujours couronnée, la méchanceté toujours inévitablement punie (XIII). Une conscience pure ou souillée, tranquille ou agitée, fait déjà la récompense ou le tourment de l'homme vertueux ou de l'homme coupable. Mais si le méchant sent avec tourment ses mauvaises actions lui survivre ; s'il s'inquiète de ce que l'on pensera, de ce que l'on dira de lui ; s'il voudroit envelopper sa vie des ténèbres les plus épaisses ; s'il fait ses efforts pour obscurcir et fausser même sa conscience, à plus forte raison la vertu véritable est immortelle ; elle se suffit : l'ami magnanime de l'humanité ne périt point ; le temps assure son triomphe ; la patrie lui ouvre à la fin ses temples : le Français qui se dévoue, vivra dans la mémoire de ses coucitoyens ! la vertu la plus obscure, la plus abandonnée, trouve encore sa récompence : une famille, les larmes sincères d'un ami, sa propre estime, ses élans vers le bien, toujours précieux, et pleins de délices au sein même de la plus affreuse destinée, lui suffisent.

X V.

Quelle que soit l'opinion de l'homme *instruit* par la SAGESSE (XIII), sur l'origine et la marche du monde (IX), lors même qu'il ne seroit pas intimément persuadé de l'existence d'un ÊTRE-SUPRÊME, surveillant ses actions et ses pensées les plus secrètes, il sera toujours fidèle à sa raison; maître de ses sens, il marchera sans détours dans la pratique de ses devoirs ; seul ou en présence de ce témoin, il agira avec la même simplicité, il se conformera à sa nature et à ce qu'elle lui prescrit : il est convaincu que rien ne peut le soustraire aux lois inexorables de la nature (XIII) ; cette conviction suffiroit pour lui faire suivre la morale la plus pure : mais son cœur et sa conscience l'y portent de plus naturellement; une lumière intérieure, la nature et son sens intime le guident (V) ; il ne voit de bonheur véritable que dans sa fidélité à remplir ses devoirs : à tous les instans, le besoin de sa propre amélioration le presse (VI); la contemplation de la nature et de l'harmonie des êtres le familiarise avec l'idée et le sentiment de toutes les perfections (VIII); rien ne peut lui plaire que par elles; il n'aime que par les rapports et les conformités avec elles, qu'il trouve aux objets de son amour.

X V I.

L'idée féconde du beau et du bon parfait, est son modèle, son type, son but; elle l'élève au-dessus de lui-même et de tous les obstacles qui pouvoient l'écarter de la plus sublime vertu : par elle, ses pensées s'animent, son cœur s'échauffe, son courage s'enflamme, ses inclinations, ses appétits, son goût s'épurent, sa morale se fortifie; son sens intérieur devient plus fort, plus exquis; un tact délicat, un sentiment sûr et prompt l'avertissent de ce qui peut dégrader son être, le corrompre ou bien l'améliorer; de bonnes habitudes sont la garantie de la bonté et de la constance de ses dispositions.

XVII.

L'homme civilisé, instruit par la sagesse, rend donc avec simplicité et bonne foi, en enfant reconnoissant, ses hommages à l'ordre universel ou à son auteur (IX à XIV) : il leur rapporte selon ses lumières et sa conscience, tous les biens dont il jouit, et tous ceux qu'il peut désirer : quelqu'opinion qu'il embrasse, il remercie une Cause-première de ses bienfaits ; il met en elle, le centre de la vie universelle, celui de l'intelligence et du monde moral, le point d'appui de l'harmonie générale, le commencement de la chaîne des êtres, la réunion du bon et du beau parfait, celle de tous les biens qu'il peut concevoir. Pour l'honorer, il étudie ce qui l'entoure et qui vient d'elle (IV, V); il se propose les meilleurs modèles pour se perfectionner (VI, VII, VIII); il recueille et suit avec sincérité les sentimens droits qui s'élèvent dans sa conscience; il respecte ceux qui guident ses frères ; il propose, il fait avec courage ce qu'il estime le mieux ; il combat avec constance ce qui lui semble pernicieux; il ne dit jamais que ce qu'il croit vrai : il met ainsi en honneur son propre caractère ; il concourt à l'ordre universel ; il obéit à la *Cause-première*.

XVIII.

Mais il évite soigneusement l'illusion, le mensonge et l'erreur : s'il personnifie ce qui est purement intellectuel, s'il revêt de formes et de couleurs les conceptions de son esprit ou les affections de son cœur, il descend facilement à des idolatries honteuses (XI). Les croyances religieuses y conduisent, si l'on n'est pas attentif : le théiste superstitieux réunit, l'athée crédule dissémine, tous deux personnifient, et l'artiste leur représente la Cause-première de tout ce qui est, les vertus, les perfections, toutes les idées morales et abstraites, sous des emblêmes, des noms et des personnes fallacieux : le temps fait insensiblement oublier l'esprit des images et la signification des mots ; l'erreur couvre les emblêmes ; elle anéantit leur pensée ; leur sublimité disparoît pour l'ignorance, la paresse, la stupidité : et l'homme abandonné au penchant de son imagination, de donner un corps à tout objet intellectuel que son esprit veut saisir, devient la proie de l'imposture qui le livre après à la tyrannie. Cependant, à moins qu'il ne se dégrade par la superstition la plus grossière, c'est encore quelque idée de perfection, quelque sentiment de l'harmonie des êtres, et du besoin de sa propre amélioration, qui l'attirent et le conduisent. En n'attachant purement son esprit qu'aux principes, et son cœur qu'aux sentimens, il se garantit de toute semence de superstition et d'idolatrie.

XIX.

L'homme civilisé se dirige-t-il dès ses premiers ans, vers le bon et le beau parfaits, autant que son esprit est capable de les concevoir, et pour sa propre amélioration? Il puise dans cette conduite, comme à une source pure, toute la félicité dont il est susceptible : sa raison est éclairée ; ses effors sont soutenus; ses peines reçoivent tout l'adoucissement, et ses plaisirs tout le complément possibles; son bonheur monte au degré où il peut arriver. — Quand il est au terme de ses jours, un avenir heureux s'ouvre encore à lui : la paternité, l'hymen, l'amour et l'amitié lui offrent leur souvenir, la patrie ses couronnes, la gloire ses palmes; il s'endort paisiblement dans le sein de la nature, ou il s'élance sans crainte dans une autre existence; il voit la mort sans alarme: heureux? la pureté de sa vie lui laisse voir sans frayeur la paix du tombeau; malheureux? elle la lui représente comme un refuge; elle est en tout état, sa consolation.

X X.

Placé dans un point imperceptible du temps et de l'espace, près des grands, des éternels ouvrages que la nature étale à ses yeux (II, IV), il sent les limites insurmontables de son être. Les phénomènes et les secrets impénétrables de la nature lui découvrent son ignorance et sa fragilité: quelque savant qu'il soit, sa science est peu de chose; elle est à peine près de ce qui lui reste à connoître, un pas en avant de l'instinct borné du plus humble insecte: mais il est grand dans sa moralité. L'homme en a tous les principes en lui-même: ils parlent au foible, au simple comme au fort; ils dirigent d'une manière certaine leurs sentimens, leurs pensées et leurs actions, vers l'ordre le plus parfait de la société. Les régles qu'ils leur prescrivent à tous pour se rendre heureux, d'après leur propre nature et celle de leurs rapports, sont précisément l'ensemble de leurs DEVOIRS envers *eux-mêmes*, leurs *semblables*, *ce qui les entoure et leur est supérieur.*

TITRE SECOND.

Rapports de l'Homme et du Citoyen à eux-mêmes ; devoirs qui en résultent.

ARTICLE VINGT-UNIÈME.

HOMME, CITOYEN!

ESCLAVE de l'ignorance, dupe des préjugés, jouet de l'opinion; HOMME *civilisé*, mais asservi, HOMME *instruit*, mais orgueilleux, HOMME *libre*, CITOYEN ! mais léger, vain, cruel, présomptueux, étudie ce que tu es dans la vie sauvage ; ce que tu deviens dans une société barbare ou corrompue ; ce que tu dois être dans une *société régénérée* : CONNOIS-TOI TOI-MÊME !

CONNOIS-TOI, *relativement aux lois de ton existence*. . . . Formé de nerfs et de fibres admirablement entrelacés, ta machine frêle se fortifie et se perfectionne en croissant : tu jouis seul à ta maturité de presque toutes les facultés du reste des animaux : cependant, destiné à leur commander, tu arrives nud sur cette terre que tu dois fertiliser de tes sueurs : tu ne connois d'abord que les cris et la douleur : tu apprends à te nourrir, à parler, à marcher ; tu ne sais rien de toi-même ; ta naissance et tes premières années humilient ton orgueil ; elles rappellent à la modestie l'enfant le plus superbe de la nature. HOMME, CITOYEN, *habite avec toi-même !*

XXII.

CONNOIS-TOI, *relativement à ce qui te conserve !* .... La paix, si tu pouvois la connoître, et la santé, si, lorsque tu en jouis, tu pouvois en sentir le prix, suffiroient à ton bonheur : elles te mettroient seules bien au-dessus des *Crésus*, des *Salomon* et des *Alexandre*. La variété t'émeut ; les choses uniformes t'endurcissent ; les choses inaccoutumées te brisent ; l'excès te détruit ; la modération te conserve. La nature te prépare plusieurs sortes de nourritures : un assaisonnement simple les diversifie pour ta santé et pour ton plaisir ; mais cela ne te suffit point ; tu multiplies à l'infini les mêts de tes repas ; tu t'abandonnes à l'art funeste de la cuisine ; tu le chéris en raison même de ses erreurs ; la fermentation et le feu dénaturent tes alimens, ils les changent en poisons : l'abondance cependant t'apporte le dégoût ; ton appétit ne se conserve qu'en vivant de peu : ton imagination a des désirs immenses ; la nature ne demande qu'une nourriture médiocre, saine ; elle répugne au superflu, et récompense comme on lui obéit : la beauté, la santé, le plaisir, la gaieté, une longue vie, une heureuse vieillesse sont les couronnes qu'elle distribue..... HOMME, CITOYEN, *prends soin de ta personne !*

XXIII.

CONNOIS-TOI, *relativement à ta propre destruction.....* Bulle suspendue dans un point du temps et de l'espace, jusqu'à ce qu'elle éclate, tu es l'être le plus foible que la terre nourrisse : il n'est pas de vie plus fragile ; aucune n'est exposée à tant de maladies, à tant de besoins, à tant de périls : un siècle même, qu'est-il pour elle ? Le sommeil, semblable à la mort, en consume la moitié ; et l'enfance qui manque d'ideés d'idées et de sentimens, la vieillesse qui les perd, les intervalles où tu n'éprouves que des besoins ou de la douleur, doivent-ils se compter? Avec quelle promptitude tes sens s'éteignent et tes membres s'engourdissent! Tes yeux, ton ouie, tes jambes, tes denst, instrumens de ta nourriture, s'affoiblissent avant le temps; ils meurent avant toi. A peine né, la mort t'assiége; elle t'environne d'infirmités, mort partielle, mort anticipée! La génération actuelle, qui folâtre ou se déchire, dans l'espace de peu de jours la nature l'aura reprise dans son sein; toute entière, elle aura disparu, elle sera ensevelie : la MORT ne fait grace à personne; que la fortune soit propice ou contraire..... Il faut mourir. HOMME, CITOYEN, *souviens-toi de la mort*!

XXIV.

CONNOIS-TOI, *relativement à ta propre essence*.... Chef-d'Œuvre de la nature, premier des animaux pour lequel elle a tout fait, tu n'es toi-même qu'un animal voisin du singe, qui pleure, rit, chante, parle, est docile, apprend, juge, admire : foible, nud, par toi-même sans armes, exposé à tous les outragés des élémens et de la fortune, tu as besoin de secours étrangers : inquiet, d'une sécurité difficile, toujours plaintif, tu n'as qu'un courage précaire : tu espères avec opiniâtreté, et tardif dans ta sagesse, tu profites à peine de l'expérience. Dans une vie rapide, irrévocable, le temps passé réduit à rien, tu le méprises ; le présent, précieux, tu le dissipes ; l'avenir, incertain, follement tu le convoites. . . . . Ainsi, pour les misérables mortels, fuit chaque jour qui luit, le premier, le meilleur de leur vie ! L'un, réveillé par l'indigence pénible, est accablé de travaux et dégradé par les vices qui suivent la misère : l'autre, oisif, s'emprisonne dans son palais, l'opulence le corrompt, le luxe l'étouffe : à celui-là, l'ambition, toujours active, ne laisse aucun repos : celui - ci, craint pour ses richesses ; il travaille sans relâche ; plus il a, plus il veut avoir ; son ambition n'est jamais satisfaite. L'un fuit son semblable ; l'autre est continuellement environné d'une foule importune : celui-là se plaint d'avoir des enfans : celui-ci, de les avoir perdus. Les larmes manqueroient plutôt que les causes de les verser, si la légéreté et l'oubli qui effacent tout, ne les tarissoient? Jusqu'où tant de maux ne portent-ils pas l'homme barbare ou corrompu? Il se fuit lui-même; il s'agite sans cesse; il s'environne de tous les périls; il porte le fer et le feu contre des ennemis qu'il ne connoît même pas; il s'enflamme sans raison, sans injure. Comme les bêtes féroces, il déchire celui qui ne lui a rien fait; il demande aux dieux des vents favorables, et ces vents portent avec lui la corruption, les maladies, l'esclavage, et la guerre dans les climats lointins: la terre ne lui suffit pas pour trouver la MORT! Les animaux s'accordent à n'attaquer que les espèces différentes des leurs; l'homme répand sur la sienne un déluge de maux.!... HOMME, CITOYEN, *vis sans faire de mal!*

XXV.

CONNOIS-TOI, *relativement aux liens politiques qui te lient avec tes semblables*.... En place du vrai, tu ne suis que l'erreur rendue générale, *publique*, par tes tyrans, par tes oppresseurs. Dès ta naissance, leurs mensonges te recrouvrent du masque de l'usage; c'est lui qui te vêt, qui t'élève, qui te nourrit, qui t'enseigne, qui te gouverne ; c'est d'après lui que tu es estimé honnête, fort, sage, humain, vertueux, réglé dans ta conduite : tandis que, maîtrisé par l'opinion, tu vis par-tout, selon la mode, et nulle part selon la raison. Quel contraste dans tes goûts, ton caractère, tes sentimens ! Quelle contrariété dans tes mœurs ! -- Destiné à mourir, car nul ne naît impunément, tu te réjouis, tu regardes comme un bienfait de payer le dernier ce tribut à la nature ; et en attendant, ivre de ta fortune, tu te laisses enchaîner, et tu ne songes plus au lendemain. -- Des aboiemens insensés, des déclamations fanatiques excitent tes fureurs ; elles te dictent tes opinions ; elles compriment ou changent tes sentimens, et tu poursuis de ton abandon, de tes mépris, de ta haine, les amans de la nature et les amis de l'humanité : tu extermines quiconque pense *théoriquement*, veut le bien autrement que toi. Aussi, que de vains mouvemens ! Que d'insurrections stériles ! Tu secoues tes fers, tu veux être libre ; mais à quoi réussis-tu ? Rendu à la liberté, par ces explosions générales, dont l'histoire fournit peu d'exemples, tu ne sais point en profiter ; l'usage, les préjugés de ton esprit, et les vices de ton cœur continuent de t'asservir : les sacrifices te coûtent, l'égalité te blesse, les réformes t'effarouchent; la cupidité, l'ambition et l'ignorance t'aveuglent; ta timidité ou tes folies te perdent; ta fausse prudence ou ta témérité, tes exagérations ou ta foiblesse, ta corruption ou ta barbarie, font avorter les plus belles révolutions. . . . . Préparées par les lumières de la philosophie et les sentimens de l'humanité, à peine le génie de la liberté les a fait éclore, que tu les étouffes : tu envies aussi-tôt le pouvoir, et il t'ennivre; tu ne sais ni obéir, ni commander. Bientôt la confusion amène les calamités; tu en accuses ceux qui ont brisé tes fers, et on te les fait immoler au nom même de la liberté! Tu commets alors tous les crimes, tu exerces tous les brigandages, tu te permets tous les attentats, et tu changes de prétextes avec toutes les circonstances : l'ignorance t'enveloppe bientôt de ses ténèbres, la fatigue te saisit au milieu des agitations et des discordes, la tyrannie découvre de nouveau sa tête hideuse, tu l'accueilles comme ton sauveur; et le cercle de ton esclavage recommence pour des siècles. Cependant il ne faut en accuser que ta légéreté, qui t'empêche de songer et de travailler à te *régénérer*. . . . Encore pigmée, tu te crois géant; tu consumes le temps le plus précieux à des choses frivoles; tu repais ton esprit de grands projets; tu disposes de la postérité la plus reculée; oubliant sans cesse ce que tu peux, méconnoissant toujours la nature de ce qui t'environne, tu te nourris d'espérances chimériques; ta propre régénération est le dernier objet de ta pensée. Tu édifies, tu bâtis sans rien finir, sans te souvenir du tombeau; et au milieu de tes vastes efforts, la mort te saisit! . . . . Pour la première fois de ta vie, tu ouvres les yeux, au moment de les fermer pour toujours: dans les tourmens de l'agonie, tu reconnois amèrement tes songes, tes erreurs; et après avoir vécu, présomptueux, comme si jamais tu ne devois mourir, tu meurs, misérable, avec toutes les foiblesses de l'humanité! . . . HOMME, CITOYEN, *étudie et suis la sagesse, si tu veux vivre en paix et jouir de tes roits !d*

XXVI.

Connois-toi, *relativement à tes facultés intellectuelles*. . . . Combinaison admirable de l'esprit qui circule en toi, d'un sentiment intérieur qui veut toujours le juste, et de sens matériels qui ne cherchent que l'agréable, qui ne veulent que le plaisir, tu vis dans tout ce qui t'est extérieur, plus que dans toi; tu ne cherches que des sensations, tu t'ignores toi-même. *Sauvage* et barbare, ou *civilisé* et corrompu, quel résultat offres-tu de l'union sublime des principes qui te composent? Un être inepte, timide, lascif, fanatique, ambitieux, prodigue, plaintif, astucieux, chagrin, envieux, méchant, avare : mais *civilisé* et instruit par la sagesse (XIII), *régénéré*, c'est-à-dire, affranchi des liens dont l'ignorance, les vices et la tyrannie t'environnent, tu es, par cette même combinaison de principes qui te semblent contraires, ce que veut la nature, un être perfectible, courageux, chaste, méditatif, sobre, paisible, sincère, doux, généreux, bienfaisant, content de ce qu'il a. . . . . Seul, de tous les animaux, ton cœur est ouvert à l'affliction, à la luxure, à l'ambition, à l'avarice, au désir immodéré de vivre ; seul, tu t'inquiètes de ce que tu deviendras après ta mort : mais seul, tu connois la VERTU ; seul, tu peux suivre la raison, et adhérer uniquement par elle, et en suivant ton cœur, à la pure JUSTICE : si tu dégénères par ta faute, tu es capable, par tes propres efforts, de te perfectionner. . . . . . L'amour du vrai, du bon, du beau (VII), et le sentiment de la liberté, prédominent naturellement tous tes besoins, toutes tes affections : le vrai aliment de ton esprit, et la liberté, essence de tes sentimens, de ta pensée, de ta parole et de la communication de tes idées, triomphent de tout dans ton cœur : mais extérieurement, la tyrannie te subjugue ; sous mille apparences spécieuses elle greffe le mensonge sur ton enthousiasme ; et sur le mensonge, elle fonde bientôt l'ignorance, la superstition, le despotisme et l'esclavage. Le tyran qui veut t'asservir, prend le masque de la vérité, souvent même le langage de l'homme libre ; il t'impose en leurs noms, des réputations mensongères et des cultes idolâtres ; des hommes, des statues, des images sont

tes

tes dieux (XVIII); et quand tu es tombé dans une première erreur, l'habitude, les arts, la paix, de fausses vertus et l'effroi des supplices, ta poltronerie et l'audace du méchant, rivent à jamais tes fers; tu t'endors dans la servitude pour des siècles.... HOMME, CITOYEN, *défie-toi des illusions de ton imagination et des passions de ton cœur!*

XXVII.

CONNOIS-TOI, relativement à la CAUSE-PREMIÈRE *de ton existence*!

Sur ce globe terrestre, fin dernière, apparente de la création, et premier anneau des êtres qu'elle y a répandus, tu fus, il semble, investi par *l'auteur des choses* de sa souveraineté; il te fit capable de contempler les merveilles étalées dans l'univers (II): par elles, tu remontes à un premier moteur (IX); tu reconnois le TOUT-PUISSANT, et, sous son empire, tu observes sa justice, tu crains ses châtimens (XIII). Si ton esprit ne peut le séparer de la nature, les lois constantes de celle-ci font la même impression sur ton cœur (XIV): mais, si par ta raison tu découvres la SAGESSE; si, par elle, tu remontes aux principes, tu te conduis par tes sens, et l'erreur t'environne, le vice te subjugue.

HOMME, CITOYEN, *recherche qui t'a placé ici-bas, pourquoi tu y fus jeté, et ce que tu dois y faire* (XXI). — *Fuis l'idolatrie, respecte l'enthousiaste, méprise l'imposteur*, redoute la superstition. — Souviens-toi de la CAUSE-PREMIÈRE; *elle est le sein de la vérité, l'amour universel*, la raison éternelle, *la bonté et la beauté par essence; modèle-toi sur ses perfections !*

XXVIII.

L'homme est différent selon le climat qu'il habite, l'éducation qu'il reçoit, et les lois sous lesquelles il vit. *Sauvage*, il est barbare et ignorant : *civilisé*, s'il est esclave, s'il est vicieux, s'il n'a que de fausses notions ou de demi-lumières, la société, au lieu de le perfectionner, le déprave d'avantage. Mais, instruit par la sagesse (XIII), s'il écarte de lui la servitude, le vice, l'erreur et le faux-savoir; si, entièrement régénéré, il se porte vers la connoissance et l'amélioration de lui-même (XXI à XXVI), il connoît, il aime, il suit alors ses devoirs ; il reconnoît clairement et uniquement en eux les règles pour atteindre la portion de bonheur dont il est susceptible ; il fait le bien avec enthousiasme ; il trouve en lui un monde à étudier ; il cherche à se connoître ; il médite ses rapports ; il s'améliore ; la société le perfectionne.

— Il distingue dans son être l'esprit qui pense, qui veut, qui choisit ; le cœur qui sent, qui aime, qui désire ; le sens intérieur qui parle à sa raison et qui l'éclaire ; le méchanisme matériel de ses parties, et la vie qui y circule, qui les meut. — Il discerne ce qui constitue ces choses dans leur perfection, et ce qui les fait dégénérer ; ce qui élève, ce qui dégrade ses facultés intellectuelles ; ce qui donne au sens intime de sa conscience son activité et son étendue ; ce qui fortifie ou affoiblit, perfectionne ou détruit son corps. — Il entrevoit combien l'homme, l'espèce humaine et l'organisation sociale ont besoin de faire des progrès pour arriver au meilleur gouvernement, à celui qui seroit parfaitement calqué sur le *droit de la nature*. Il sent qu'il peut s'améliorer lui-même, quelle que soit sa dépravation, et malgré les liens où il peut gémir. — Il fixe, comme un point à l'abri d'illusions, la *perfection de toutes choses;* cette contemplation entretient dans son cœur les bons sentimens; il rapporte sans cesse à son modèle, ses pensées, ses actions, sa conduite. — Il n'ouvre en conséquence son esprit qu'aux connoissances vraiment utiles, et son cœur qu'aux sentimens vraiment généreux (V, VI, VII, VIII). — Il fortifie son ame, sa raison, par la pratique constante de tous ses devoirs (XVI), et son corps, par l'exercice et le travail. — Il se maintient en santé, par sa tempérance et sa frugalité, par la conformité de ses appétits et de ses goûts avec les simples inspirations de la nature.

XXIX.

Il étudie la structure de ses organes et celle de son corps; il admire la *sagesse infinie* qui s'y manifeste; il écarte de sa personne tout ce qui nuiroit à leur intégrité. La propreté, le symbole de la pureté du cœur, qui embellit, fortifie et conserve tous les êtres vivans, il la porte jusqu'au scrupule : tout ce qui est impur, il le rejette soigneusement comme une souillure, il s'en éloigne. . . . . Chaque matin il purifie sa bouche ; l'eau la plus légère, la plus pure, lave au besoin son estomac ; et l'émail de ses dents brille, sa salive n'est point corrompue, son haleine est toujours douce. Au moins une fois par jour, l'eau froide, lorsque son âge, son tempéramment, sa force peuvent le supporter ; l'eau plus ou moins tiède, lorsqu'il est languissant, ou que de trop molles habitudes l'exigent, lave, par aspersion, toutes les parties de son corps. Ses membres, tous ses muscles, pressés ensuite sous les frictions qu'il se fait lui-même, imbibés d'air et de lumière chaque jour, quelques instans, conservent l'élasticité des fibres qui les composent. Toute humeur stagnante est refoulée dans la circulation, ou bien exhalée au dehors par ce salutaire exercice ; et la santé, l'équilibre et la vigueur se conservent dans tous ses viscères et toutes leurs fonctions. Sa peau, ainsi nettoyée, assouplie, et en même temps fortifiée, transpire ; le principe vital qui le meut, ainsi électrisé, et les nerfs dans lesquels ce principe circule, ainsi corroborés, agissent ; ses entrailles ainsi rafraichies, digèrent ; enfin, toutes ses sécrétions et excrétions naturelles, ainsi provoquées, s'accomplissent, avec la facilité, dans l'ordre et les temps précis que veut la nature..... Fût-il même originairement né foible, *de race esclave*, se réglant du reste selon ses devoirs et sa raison, il jouit, par ce régime simple, d'une santé inaltérable; il procrée, jusques dans ses dernières années, des enfans robustes : toujours dispos, il est capable de supporter toute espèce de travail ; sa raison n'est jamais affectée par les infirmités du corps ; il n'est point atteint par les épidémies ; les contagions les plus malignes ne peuvent rien sur lui ; il résiste aux plus grandes fatigues. Après des travaux immenses, après même de nombreuses blessures, reçues pour la défense de sa patrie, il ne laisse pas d'avoir une longue vieillesse sans infirmités ; et, comme pour provoquer son apothéose, une mort naturelle, sans douleur, termine sa vie passée sans maladies.

XXX.

Instruit par la sagesse (XIII), et régénéré (XXVI), l'homme voit le principe de la vie développer avec vigueur l'existence de tous les êtres (IV) : si aucun obstacle ne contrarie ce principe, il le voit les maintenir seul dans la plus robuste santé, les faire inévitablement arriver à tous les dévelop-pemens qui composent la durée de chacun, et ramener même les individus et les es-pèces à leur force, à leur perfection origi-nelle, à quelque degré qu'ils en soient éloignés : il se confie donc lui-même dans ce même principe, et les lois de son orga-nisation (XXIX) ; il vit au sein de la nature dans la plus grande sécurité contre les maladies ; la crainte de la douleur ou même de la mort, ne le rend jamais pusil-lanime ; il ne se fait point un fardeau de sa propre raison ; il ne tourne pas contre lui-même les connoissances qui le distin-guent : pour embellir sa personne, pour se procurer des jouissances ou des commodités, pour se soustraire à quelques peines, pour éviter l'influence des élémens, comme le sauvage ignorant et l'homme policé stu-pide, il ne s'accable point de soins perni-cieux, de vaines et folles précautions.... .. Sa parure, c'est la santé, la vigueur, la propreté ; ce sont des vêtemens simples, décens et légers, faciles pour tous les mou-vemens, accessibles à l'air, conservateurs de la force et des proportions de son corps : les costumes gênans ou absurdes sont inventés par la vanité et la sottise, pour se donner des airs et des formes ridicules, ou pour cacher des maladies et défectuosités qui empirent par les soins mêmes qu'on met à les déguiser.

X X X I.

Son luxe, sa délicatesse, il les met à vivre plus près et dans les limites exactes de la nature. Est-il malade ? sur toutes choses il se lave à l'intérieur comme à l'extérieur, et il s'abstient : la raison, l'instinct même lui dictent après le choix de ses alimens, l'exercice ou le repos, les soins particuliers qu'il doit prendre de sa personne : mais il repousse avec assurance les poisons que l'inquiétude aveugle, l'incurie traîtresse, le charlatanisme et la fausse science distribuent (XXX) : .... la maladie, si elle ne vient pas de causes violentes, est communément le signe que nous ou nos pères avons mal vécu (XIII) ; elle est presque toujours une leçon de sagesse...... Il méprise donc la superstition médicale, superstition honteuse et funeste qui outrage les lois de la nature ; orgueilleuse pusillanimité, prévoyance pénible, soins vains et souvent mortels, qui, voulant aider ces lois à chaque pas, les réparer à chaque instant, font, avant qu'il meure une fois, éprouver à l'homme mille agonies, mille morts, au nom d'une science utile en elle-même, mais dont abusèrent toujours les sauvages, les barbares et les esclaves.

XXXII.

Pour un peuple vraiment libre, il n'est presque pas de maladies ; un peuple esclave en compte des légions ; leur source y est intarissable : envain la cherche-t-on dans l'air, dans les eaux, dans telle profession, tel degré de pauvreté ou d'aisance ; elle est dans l'esclavage (XIII) : c'est lui qui crée la misère, les passions et les crimes dont la tyrannie se nourrit, et qu'elle traine à sa suite ; lui seul abrège les jours du pauvre et ceux du riche ; sous les lambris et sous le chaume, il sème la vie de souffrances, il la remplit d'amertume, il la couvre de peines, il l'abreuve de douleurs et de chagrins....... L'esclavage resserre les demeures, entasse les hommes, les couvre de maladies, les sature de vices ; il les fait pourrir dans les ordures de l'ame et du corps :

il abat l'esprit, engourdit la vie, dégrade les formes : les fers qu'on a portés laissent même long-temps leurs cicatrices; des corps maladifs et hideux, des manières et un langage bas, durs ou féroces, en sont les signes certains : la liberté, au contraire, ramène les peuples à la douce fraternité, au langage aimable, aux sentimens délicats, à la santé robuste et aux belles formes de la nature; elle y rappelle par la propreté qui produit tant de vertus, corrige tant de vices, fait briller la pauvreté même, et soulage l'indigence; par le contentement du cœur, la bonté du caractère, la confiance, la franchise et la douceur des mœurs; enfin, par le travail, l'ordre, l'aisance, la salubrité et les bonnes-mœurs qu'elle fait régner dans chaque famille, dans chaque habitation.

XXXIII.

L'homme *civilisé*, *instruit* (XIII) et régénéré (XXVI), se sent donc lié à la liberté de son pays, à l'organisation la plus parfaite du gouvernement, et à l'amélioration la plus grande des lois, par l'intérêt même de sa propre existence, de sa conservation et de son bonheur individuel (XIII, XXXII) :

quel qu'il soit, pauvre ou riche, savant ou peu éclairé, puissant ou foible, bien portant ou malade, l'ardeur dont il ne doit pas cesser un instant de brûler pour sa patrie, tient essentiellement à l'amour inné de lui-même, avant de poser sur les affections les plus douces de son cœur : sa raison et son sens intime sont là-dessus dans un accord parfait, et il ne trouve jamais son intérêt en opposition avec son devoir.

XXXIV.

Après la liberté de sa patrie, ce qu'il désire pour son bonheur, c'est une fortune médiocre, un champ, une prairie qui lui suffisent, et ensuite l'obscurité; il recherche une demeure simple, mais commode, agréable, saine; il la place au milieu des champs qu'il cultive; il embellit ses environs des plus belles productions de la terre; il les peuple de tout ce qui peut mêler l'utile à l'agréable : il aime à jouir du lever et du coucher des astres, mais sur-tout du soleil; il choisit une habitation d'où il puisse à chaque moment les contempler (III) : pour qu'elle soit plus salubre, il la recherche ouverte à tous les vents; il ajoute à sa salubrité par ses soins; plus elle est resserrée, plus il est attentif; il souhaite que quelques arbres et une eau limpide la rafraîchissent (XXIX): il fuit ces lieux où les hommes sont les uns aux autres, au physique comme au moral, une cause de maladies, une source de contagion ; cependant, si le devoir, si la nécessité l'y retiennent, il tire le meilleur parti des circonstances, il se conserve par sa sagesse; et il se prépare à jouir un jour plus près de la nature, du fruit de ses sacrifices et de celui de ses travaux : l'air, la première nourriture que le ciel lui prodigue sans dépense, qu'il lui renouvelle sans cesse, il le respire nuit et jour aussi pur qu'il dépend de lui : destiné comme tous les êtres vivans sur la terre, à être continuellement plongé dans l'atmosphère, il fuit la vie molle et casanière; l'air est toujours pour lui bienfaisant : s'il nuit jamais, c'est à ceux qui, se couvrant à l'excès, et se renfermant sans cesse, s'étiolent, s'affoiblissent et ne peuvent ensuite s'exposer à l'impression des élémens, autrement si salutaire, sans en être douloureusement affectés.

XXXV.

Il est simple sans rudesse, et civil sans légèreté ni fadeur ; il satisfait ses besoins sans outrager jamais la nature, sans dégrader son corps ; le travail, l'exercice, l'abstinence, la simplicité et l'appétit aiguisent seuls ses désirs, animent seuls ses goûts : l'eau pure et limpide, second don gratuit de la nature, le désaltère; des alimens simples le rassasient; il réserve les liqueurs fermentées, les mêts apprêtés et succulens, pour relever ses forces ; il n'en use que dans ses travaux ou contre la maladie : il fuit la crapule, l'ivrognerie ; elle abrutit, elle abrège les jours; elle répugne à tout homme qui s'en est préservé; elle fait horreur à celui même qui s'y abandonne : il se préserve de l'amour malheureux ; il livre son cœur aux transports de celui qui le couronne et qui est honnêté : il se défie de la volupté des sens ; elle enchaîne les facultés ; elle énerve la vie ; elle affoiblit l'esprit et le corps; elle corrompt le cœur ; elle dégrade l'existence; la volupté est douce, mais sa suite est amère : aimer la véritable liberté, l'humanité et sa patrie ; chérir ce qui l'entoure, en être aimé; jouir d'une existence douce et paisible, voir la nature, être sensible à ses beautés, connoître ses merveilles, les contempler, voilà le fond inépuisable de ses plaisirs, de ses affections, de ses devoirs et de son bonheur.

XXXVI.

Il rejette toute superstition et toute charlatannerie; il ne se fie qu'à la nature et à la bonté des mouvemens intérieurs qui guident la raison et portent au bien véritable: la sagesse lui découvre seule les secrets de l'avenir; il méprise tout charlatan qui promet des merveilles; il ferme son cœur à l'appat séducteur du gain et des chances du sort; il ne tente la fortune par aucun jeu; il méprise, il rejette tout gain que ne justifient point le travail, le talent, la réproduction: s'il a des loisirs, il sert sa patrie; il observe, il médite, il refléchit, il s'exerce; jamais il ne consume envain les heures; il se préserve de la langueur; il fuit la paresse, il est actif, entreprenant; il fixe ses desseins; il tient à ses plans; l'intérêt public et les soins de sa famille l'éveillent; il court au secours de son frère, il sert ses amis, il est infatigable pour sa patrie : l'oisiveté conduit au vice ; le travail entretient la vigueur de l'esprit et celle du corps, *une raison saine dans un corps sain !*

XXXVII.

Il redoute plus que la mort la dépendance ; s'il ne se donne des occupations réellement productives, envain son pays est libre, il reste assujetti : sa santé est même robuste, ses passions sont réglées, ses désirs modérés, ses besoins réduits ; mais s'il ne cultive la terre, ou s'il n'exerce d'un bras habile et vigoureux, un des arts de première nécessité, il sera abattu, subjugué, avili sous le premier revers : quelle que soit sa situation, il n'admire donc pas seulement les arts utiles (III), il les exerce ; il en choisit un, il en fait sa profession, il le pratique : sa première ambition est d'avoir son pain assuré par le métier qu'il sait, et le travail qu'il est capable de supporter (XXII) ; il méprise quiconque, au besoin, seroit réduit à attendre d'un autre sa subsistance ; celui-là est, ou il devient alors esclave ; l'autre, dans les circonstances extrêmes, ne se prononce qu'avec plus de fierté.

XXXVIII.

Son temps est rempli par le travail, par l'acquit de ses devoirs, par la pratique des vertus sociales, par ses repas frugals, un repos modéré et paisible : il trouve des heures pour méditer dans la solitude, pour jouir avec sa famille, pour converser avec ses concitoyens, s'unir à leurs fêtes, prendre part à leurs exercices, à des délassemens innocens ; enfin, pour faire ses affaires domestiques et s'acquitter des fonctions que la confiance publique lui donne à remplir : mais toujours fidèle à la nature (XXXI), il n'intervertit que par nécessité l'ordre qu'elle a fixé à ses travaux ; il profite du jour, il se repose la nuit : le soleil sur l'horison fortifie, son absence affoiblit tout être agissant ; la nuit couvre les desseins pervers, le jour éclaire les intentions droites ; l'une favorise le méchant, l'autre seconde l'homme de bien.

XXXIX.

D'heureuses habitudes lui donnent la paix de l'ame, la modération des désirs, le contentement du cœur, la santé et les autres biens qui en sont le prix : après ceux-là là, le séjour de la campagne et ses travaux, la contemplation de la nature, les jouissances de l'esprit, celles sur-tout du cœur, une femme estimable, des enfans dignes de lui, un ami fidèle et sage sont les trésors qu'il ambitionne (XXXV) : avec eux il est indifférent sur le jour et la manière qui terminera sa carrière; toujours prêt, il marche sans crainte ; il est exempt de reproche; il a fait quelque bien ; il a assez vécu ; il a joui; il meurt en paix.

X L.

L'homme *civilisé*, *instruit* et *régénéré* (III, XIII, XXVI, XXVII), fidèle à son sens intérieur et à la raison, trouve déjà une grande partie de son bonheur individuel dans la sensibilité et la droiture de son cœur, dans l'instruction, l'étendue et la clarté de son esprit, dans la force et la justesse de sa raison, dans la sensibilité et l'activité de son sens intime (V, XX), dans la santé de son corps (XXX); enfin, dans une vie sobre et laborieuse, exempte de reproches et chère à la mémoire de ses semblables, de ses proches et de ses amis : mais il sera en outre CITOYEN, et l'amour de la patrie se joindra à toutes ses affections ; il brûlera du désir de voir les hommes innocens et heureux..... Si son pays gémit dans les fers, il aspirera à l'en délivrer ; s'il est libre, il veillera sans cesse pour sa liberté ; il s'efforcera de le faire arriver au plus haut degré de bonheur par la régénération des individus et l'amélioration de l'organisation sociale : son cœur connoîtra alors les jouissances les plus exquises ; des pensées plus actives et plus élevées donneront le caractère le plus sublime à toute sa personne ; son amour expansible se peindra dans sa physionomie, elle brillera de quelque chose de divin ; la force, le courage, le génie, l'humanité, la majesté de l'homme, sa DIGNITÉ éclateront sur son front, et annonceront dans cet être social, lorsque, *civilisé* et *instruit*, il reste LIBRE et VERTUEUX, le premier être du globe et le chef-d'œuvre du TOUT-PUISSANT.

TITRE TROISIÈME.

Rapports de l'Homme et du Citoyen à leurs semblables et tout ce qui les entoure ; devoirs qui en résultent.

ARTICLE QUARANTE-UNIÈME.

HOMME, CITOYEN!

LA pensée que la sympathie qui lie ensemble les hommes, tient à quelque chose qui embrasse l'univers, et que le sens intérieur qui guide leur raison, est l'émanation indestructible d'une intelligence universelle, pensée diversement construite par les cultes et les opinions religieuses (XI), donne à l'homme régénéré (XXVIII), dans tous les instans et toutes les positions, plus d'élan, de zèle et de courage qu'il n'en auroit sans elle communément : il réunit l'idée de toutes les perfections à celle de cette intelligence universelle (IX); il en fait dériver comme toutes les autres vertus, l'amour de ses semblables ; ce sentiment sacré s'en agrandit dans son cœur, et fait au dehors plus d'explosion.

XLII.

Instruit par la sagesse (XIII), il trouve ces grandes et majestueuses pensées utiles, au moins, pour établir et maintenir l'ordre social; il s'efforce d'y habituer son esprit; il se les démontre par la contemplation assidue de la nature: mais s'il ne peut intérieurement rester assuré d'une autre vie et de l'immortalité, s'il ne peut se tenir attaché à la doctrine de la spiritualité, il se fait de ses principes particuliers une autre garantie, et une égide contre la séduction et le crime cachés. Sa bonne moralité l'unit aux hommes véritablement pieux de toutes les opinions; quelle que soit la sienne, il fait la même étude de la nature et de ses devoirs; il pense, il réfléchit également: l'horison de son esprit et la sphère de ses affections se sont également étendus (XVI); il est en harmonie avec les gens de bien de tous les pays; dans sa patrie, il fait corps avec les bons citoyens: l'amour pur de la justice l'enflamme; un saint enthousiasme, feu sacré, au-dessus du vulgaire corrompu, lui fait franchir toute considération et toute crainte; il se porte imperturbablement vers les bonnes actions que lui inspire sa conscience ; il défend le foible, il secourt le malheureux, il combat la tyrannie, il annonce la morale, il explique les devoirs, il dit la vérité aux hommes.

XLIII.

Il étudie la sagesse parfaite, et il désire nécessairement d'en retrouver l'émanation dans l'organisation de la société qu'il forme avec ses semblables (VII) : il voit que tout reste soumis à l'ordre immuable, à l'éternelle intelligence, à la Cause-première, incompréhensible ; que le plus petit atôme agit toujours selon sa nature, qu'il obéit exactement aux lois générales de l'univers dans ce qui le concerne : par une analogie naturelle, la raison de l'homme régénéré, s'il la consulte, le détermine invinciblement, et son cœur, conservé simple et pur, naturellement le porte à être tout aussi fidèle à sa propre nature : il suit le sens intérieur qui le guide vers ce qui est utile et bon ; il dirige ses pensées, ses sentimens, ses actions par des principes invariables vers le vrai bien, pour lui-même, pour la société dont il est membre, et pour l'humanité en général; il n'a qu'un seul et même but pour que les hommes vivent par-tout en paix et soient heureux (XX); il juge ses sentimens et ses actions au fond de sa conscience; dans le doute, il s'abstient d'agir.

X L I V.

Il fait tous ses efforts pour concourir dans le point où il est placé à l'harmonie générale de la nature: amant du vrai, du bon et du beau parfaits (VIII), ami de ses semblables et de son pays (XXXIII), il suit scrupuleusement ses devoirs (XV); il oppose les lois de la nature, son immensité, ses terribles révolutions et sa durée, à la brièveté de la vie humaine, à ses folies, à ses vains projets (XXI à XXVIII), et par ce contraste il écarte les pitoyables querelles, il éteint les guerres inhumaines, il comprime le ridicule orgueil, il fait taire les passions, il dissipe les préjugés qui étouffent la vérité, qui immolent la justice.

X L V.

Etablir la paix, étendre la fraternité sur la terre, démasquer l'hypocrisie, éteindre les torches de toutes les espèces de fanatisme, combattre les diverses sortes de tyrannies, secourir et défendre l'opprimé, rétablir les droits de ses semblables, faire commercer les hommes d'idées grandes et utiles au genre humain, établir entr'eux des liens nouveaux de fraternité, les guérir de leurs préjugés sans les violenter ni les contraindre, assister de toutes ses facultés les progrès de la civilisation générale, et combattre, s'il le faut, par la force des armes, les tyrans ennemis de ces progrès, perfectionner la *morale publique et l'instruction du peuple*, améliorer les habitudes privées, réformer les mauvaises lois et les parties corrompues du gouvernement, travailler à établir le meilleur système social d'après l'état des lumières et le type de l'organisation du corps politique, donné par la nature dans notre propre organisation ; telle est la vocation, tels sont les devoirs de tout homme *régénéré*, de tout CITOYEN doué d'une raison forte et d'un cœur généreux : il médite ses rapports véritables, il a un sentiment juste de la société à son origine et dans ses accroissemens, et il se livre, sans désordres pour elle, à la *voix intérieure* qui lui parle, qui l'appelle, qui le lance dans la carrière de la philantropie, de l'héroïsme et de l'humanité (XLII).

X L V I.

Sans la raison, la *morale* et les lumières, sans la nature toujours présente pour nous guider, le mensonge, l'erreur, les passions, un faux zèle font bientôt de celui-là même qui commença par être l'ami des hommes, un bourreau de l'humanité ; de celui qui voulut délivrer sa patrie, un oppresseur de la liberté ; de celui qui s'annonça pour établir le culte de la raison et le règne de la vérité, un destructeur farouche de la morale, de l'instruction, des sciences et des arts........ L'homme *instruit* par la sagesse, et *régénéré*, ne se propose dans tous ses efforts, que le bien de l'humanité et la liberté de sa patrie ; il se précautionne donc contre les suites funestes des illusions, des erreurs et des passions des hommes ; il évite l'engouement, l'aveugle enthousiasme et les faux systêmes ; il abhorre la violence ; il n'avance dans ses desseins qu'en améliorant les hommes ; il ne connoît de moyens que ceux qu'il puise dans la morale, l'instruction, le travail constant et un courage soutenu ; s'il a jamais

recours

recours aux armes, c'est contre les ennemis extérieurs et déclarés de sa patrie, ou lorsqu'il est évident que la liberté et la justice y sont en présence de la tyrannie, de la même manière qu'un individu l'est vis-à-vis de son assassin : il a donc un sentiment juste des rapports de la liberté générale et des progrès de l'humanité ; il sait que la liberté ne s'établit et ne se consolide qu'en perfectionnant les hommes, que les hommes et les lois ne s'améliorent qu'à l'aide de l'expérience et du temps ; enfin, que la réflexion n'est possible, et que les lumières ne naissent qu'au milieu de la paix et de la liberté publique....... Il est uni d'amour à la Cause-première de son existence ; il se nourrit des sentimens généreux et des pensées générales que celle-ci entretient dans les cœurs et les esprits : mais il obéit premièrement aux liens qui l'attachent à la société dont il est membre ; il aime par-dessus tout ses frères qui l'entourent immédiatement ; il suit aveuglément la conduite que ces rapports plus prochains lui prescrivent ; c'est à eux qu'il se dévoue : s'il ne fait point graviter isolément vers lui seul son propre intérêt, il ne perd point aussi son énergie, il n'égare pas ses sentimens en les portant sans utilité à des distances infinies ; il s'identifie avec ce qu'il a de plus cher, sa patrie, sa femme, ses enfans, ses amis, ses voisins, ses concitoyens : sa propre conservation n'est plus en lui-même, elle est dans eux ; c'est pour eux qu'il pense, qu'il agit, qu'il travaille sans cesse : il est heureux s'ils prospèrent ; ils le comblent des biens de l'amour, de l'amitié, de l'estime, de ceux de la liberté, de l'égalité, de la fraternité, de la plus charitable bienveillance, enfin, de tous les plaisirs attachés au travail et à l'abondance que l'ordre public et les vertus privées procurent : c'est à lui-même qu'il sacrifie en les servant avec zèle, en les défendant avec courage, en bravant pour eux les peines et les dangers, en souffrant pour eux la mort (XXXIX, XL).

XLVII.

Il cherche dans une tendre épouse un ami sûr qui l'aide à remplir ses devoirs, qui partage ses goûts, ses peines, ses plaisirs, son sort, avec qui il commence, pour ainsi dire, et finisse la vie : il se propose en s'unissant à elle, de se faire remplacer dans la nature et la société, par des êtres meilleurs que lui-même : dans ce généreux dessein, il fortifie ses premiers ans contre les erreurs qui entourent l'adolescence ; guidant vers cette destination sublime sa bouillante jeunesse, il subjugue ses sens par le travail et l'exercice ; il dirige vers ce véritable but de son existence, ses pensées, son activité, ses efforts, dans le plan que la sagesse lui trace pour sa situation : il choisit avec soin et sans précipitation cette compagne de ses jours ; pour la mériter, il travaille et prépare par les fruits de son industrie leur bonheur commun ; en l'attendant, il ne s'unit jamais avec ces femmes infidelles qui ne voient dans l'acte le plus sacré de la nature, et le plus important pour la société, dans l'alliance la plus intime et la plus solemnelle, qu'un vain caprice, une faveur stérile ou le sceau d'un traité fait par l'avarice et l'orgueil, la luxure ou l'ambition.

XLVIII.

Ornée à ses yeux de graces et de vertus, il aime exclusivement celle qu'il a choisie ; il nourrit avec elle les pensées et les sentimens qui rectifient et agrandissent la raison, qui épurent et satisfont le cœur : ils prennent ensemble un soin commun de leurs affaires domestiques ; ils s'encouragent mutuellement au bien ; ils sont l'un à l'autre mutuellement fidèles : ils pratiquent devant leurs enfans le travail qu'ils veulent leur apprendre, et les vertus qu'ils veulent leur inculquer ; ils nourrissent avec eux l'amour le plus ardent pour leur patrie et l'humanité, leur patrie dont le nom embrasse toutes leurs affections, l'humanité aux droits de laquelle leurs propres droits sont liés : ils consomment peu pour eux-mêmes ; ils produisent par leurs travaux unis le plus qu'ils peuvent pour la société : ils économisent pour leur famille ; ils vivent frugalement avec elle ; avec elle, ils s'entretiennent dans une uniforme simplicité : la nature est simple, mais élégante ; ils s'attachent à l'imiter sans faste ; ils sacrifient à l'amitié et aux graces, et jamais dans aucune saison de la vie le soleil du bonheur ne se couche pour eux.

XLIX.

Le citoyen fidèle à l'intérêt de son propre bonheur que la SAGESSE lui démontre, répand ainsi autour de lui-même toutes ses facultés : austère à soi, complaisant pour les autres, il jouit et il aime à voir jouir des biens, des dons de la nature ; il sourit à tous ses frères, à tous les bons citoyens : il voit avec plaisir la prospérité de son voisin ; il estime l'aisance : elle est utile au bonheur, elle sert au développement des talens et des vertus ; la richesse même est estimable, si elle se répand, si elle naît de l'abondance, si elle la reproduit : il respecte donc toute propriété ; elle lui représente le produit accumulé du travail, sa récompense, la source et le mobile de la reproduction. Son industrie et son travail conservent et améliorent continuellement ce qu'il a acquis ou qu'acquirent pour lui ses auteurs ; mais il ne thésaurise point : pour bien élever, pour établir ses enfans, pour aider ses amis, ses concitoyens, pour secourir son pays en danger ou assailli de quelque calamité, il n'y a pas de propriété qu'il ne sacrifie volontairement ; l'avarice ne rapetisse pas sa raison, elle ne ferme jamais son cœur au cri de la patrie, de l'indigence ou du malheur ; il ne meurt pas de besoin sur un monceau d'or........ S'il travaille pour autrui, il se contente d'un salaire, d'un bénéfice raisonnable ; la reproduction, son talent et son travail justifient toujours son gain : s'il prête un capital à intérêt, il n'en retire que celui qui est fixé par la loi ; un capital, numéraire, n'est rien par lui-même ; le travail seul le fait produire ; le travail qui le féconde, le travail qui, seul, nous nourrit, nous couvre, nous protège ; le travail qui, seul, peut accommoder la nature à nos besoins, ne doit point être étouffé par l'avidité paresseuse de l'agioteur, de l'usurier : le bon citoyen ne s'honore que d'une industrie honnête, du travail utile de son esprit ou de celui de ses mains (XXXVII).

L.

Il est patient dans ses travaux, et constant dans ses entreprises : entre le commencement et la fin, il voit d'avance, il calcule, il apprécie, il se procure, il attend les moyens : il est prévenant pour tous ceux qui l'entourent ; il supporte paisiblement la contradiction ; il avoue lui-même facilement ses torts, il les confesse avec candeur : il se concilie les esprits les plus difficiles ; il ferme son cœur à la colère, et il ne souffre point des ravages de l'emportement ; l'impatience ne détériore ni ses traits, ni sa complexion ; il se préserve des fureurs hideuses du despotisme d'un homme sur son semblable : doux dans ses manières, ferme dans ses principes, actif et prudent dans sa conduite, inébranlable dans ses résolutions, constant dans ses entreprises, sage dans ses projets, il enchaîne les succès, et n'a jamais d'autre secret que sa prudence, son activité, et une volonté forte, déterminée ; de politique, que son courage et la plus stricte morale ; de règle et de but, que ses devoirs, la paix et le bonheur de ses semblables : la fatalité est la doctrine des esclaves ; l'homme fort et libre se fait à lui-même sa destinée.

L I.

Il élève son cœur si haut, qu'aucune injure ne peut l'atteindre ; plus il est fort, plus il pardonne : dans tous les êtres vivans en qui la nature a placé la force, elle a mis dans leur cœur, la générosité : il se souvient du bien, il oublie le mal ; il hait la méchanceté, il plaint le méchant ; il étudie la cause de sa dureté et de son aveuglement ; il la combat, il cherche tous les moyens de le regagner à lui, au bien et à la vertu : il répond ainsi au mal qu'on lui fait, par le bien qu'il rend; il veut la conversion, et non la mort. La bonté dilate son cœur, là où le fiel resserre celui de l'homme haineux : la vengeance, l'injure, le reproche amer, les préventions, le zèle faux, le zèle outré, éternisent les querelles, les dissentions et les haines; le pardon, l'oubli des torts, la modération et le zèle pur, la fraternité et la charité les éteignent (XLIV).

L I I.

Il est content de son propre sort, il n'envie point celui qui lui paroît plus heureux; des succès non mérités ne le touchent point; il voit au bout la justice qui s'avance; il ne sèche pas de douleur, ni de dépit; la lividité et la maigreur de son corps n'accusent pas le tourment de son ame : il fuit les courtisans et les adulateurs; les louanges le dégoûtent; la flatterie lui répugne : il démasque l'hypocrite; il déteste l'hypocrisie : il parle peu de lui-même; il fait le bien, il est modeste, sa conscience lui suffit; il compte sur le progrès naturel de la vérité, et sur la récompense qui ne peut manquer de couronner tôt ou tard, la véritable vertu (XIV) : il ne se plaint point des hommes; pour les améliorer, il tâche d'être lui-même bon, constamment; il laisse à la nature des choses le soin de punir les méchans et de tirer même avantage de leur malice (XIV).

LIII.

Le citoyen instruit par la sagesse, et fidèle à son propre intérêt (XLIX), est en garde contre toute espèce de séduction : jamais il n'avilit le don de la parole, jamais sa bouche ne se déshonore par le mensonge : il est sage sans dissimulation; il méprise la ruse, la finesse; il hait la fausseté; il publie avec courage ce qu'il croit vrai et juge utile à dire; mais il évite avec soin de donner pour vérités, les erreurs de son cœur, de son ignorance ou de son imagination, et d'ajouter ainsi aux folies ou aux méprises des autres, les siennes propres..... Dans les suffrages pour des élections ou pour un jugement, pour une opinion, un vœu quelconque, il est scrupuleusement attentif : après s'être éclairé sur la connoissance des faits et des avis des autres, il pense, il réfléchit, il médite, il examine les questions sous toutes leurs faces, et il tire après intérieurement, du fond seul de sa conscience, son jugement sur les personnes, les choses ou les opinions; il le déclare avec une fermeté modeste qui orne le républicain; il ne se laisse intimider ni par la violence, ni par les clameurs : il est ensuite entièrement dépendant de la loi; il se refuse à l'exécuter, si elle lui ordonne une iniquité palpable, un crime évident contre l'humanité; dans les autres cas, il obéit et ne juge point, quand elle réclame sa soumission; hors de là, il fait ce qui dépend de lui pour faire toujours ressortir la justice et la vérité de l'avis et du vœu du plus grand nombre : il respecte toute majorité ; jamais il ne substitue ses opinions aux arrêtés sennes : il hait, il combat les moyens que les intrigans emploient pour faire triompher leur volonté individuelle, despotique. Quelques personnes que la majorité choisisse et fasse prévaloir, il les respecte et les fait respecter; s'il croit que l'opinion publique s'égare, il fait ses efforts pour l'éclairer, et il attend après qu'elle revienne par l'effet naturel du cours des choses, du reflux des opinions et du progrès des lumières.

L I V.

Il obéit sans résistance à la loi impérieuse de la nature, à la nécessité; il supporte l'infortune, les peines et la douleur, avec courage et résignation: l'emportement et l'abattement aggravent tous les maux; la force morale est dans la SAGESSE. Il ne cède jamais au désespoir; il ne se donne point la mort. Dans les situations extrêmes, il préfère sans doute un trépas glorieux à une vie honteuse; mais il fait alors d'une manière utile, le sacrifice de ses jours; ne désespérant jamais de la cause de la justice, il finit par un trait héroïque, ou par une bonne action.... Dans le malheur ou la prospérité, il ne s'oublie point; jamais la MODÉRATION ne l'abandonne; il est toujours actif et vigilant; à côté des succès, il voit les revers; il porte à tous les postes les mêmes sentimens: les temps et sa position changent, il reste le même, ami constant, citoyen zélé et fidèle, croyant de bonne-foi, philosophe compatissant, patriote pur (XIX, XX).

L V.

Il prêche la vertu par l'exemple : sa modestie appaise l'orgueil, prévient la médisance, satisfait l'envie ; son intégrité désarme les calomniateurs ; les méchans n'osent l'attaquer, ne peuvent le mordre; pour se conduire, il approfondit la conduite des autres. . . . . Il restreint ses appétits et ses passions dans les bornes prescrites par la raison et par la nature ; il corrige ses penchans vicieux ; il maîtrise sa volonté ; il la dirige uniformément vers les actions que ses devoirs lui prescrivent ; il forme son esprit, son cœur, son corps à braver tous les accidens de la vie ; il prend toujours conseil des hommes vertueux et sages : il écoute sa raison et son sens intérieur; il ne se guide jamais que par eux. . . . . . Il ne transige point sur ses droits, il ne compose jamais avec la tyrannie ; lorsque le moment est venu, quand il juge que l'heure du courage a sonné (LIV), il affronte les dangers, il brave la mort et périt indifféremment au champ de bataille, sur l'échafaud ou dans son lit...... Il souffre de faire de la peine à ses semblables, il se refuse à verser leur sang; cependant, après avoir tout fait pour l'éviter, et quand le devoir parle, il combat avec courage, il poursuit avec énergie, il condamne avec fermeté, les ennemis, quels qu'ils soient, de sa patrie, de la liberté, des bonnes mœurs et du repos public : s'il succombe, il se repose sur la pureté de sa vie, sur sa conscience, sur la reconnoissance publique, sur la justice de la postérité (XIV, XV) : heureux, s'il compte aussi intérieurement, avec une ferme croyance, sur celle d'un ÊTRE-SUPRÊME qui récompense la vertu et punit les criminels (IX, XXVII) !

L V I.

Le bon citoyen règle donc ses actions sur la justice distributive la plus exacte, et sur la charité la plus ardente (XLII) : il apprécie avec impartialité les droits, les raisons, les excuses des autres ; il ne maîtrise personne ; pour se faire obéir, il emploie la raison, la persuasion et le sentiment : il honore la franchise, la bonne-foi, la piété-filiale, l'hospitalité, la fidélité et le malheur ; il célèbre l'amitié, l'amour véritable, le travail, le courage, les bonnes actions et les actions héroïques ; il respecte la vieillesse et l'enfance ; l'innocence de celle-ci et l'expérience de l'autre l'intéressent, le touchent et l'instruisent. Il obéit à ses parens ; il prend soin de leur dernier âge ; il fait honneur à leur mémoire ; il ne rappelle que leurs vertus ; il suit leurs bons exemples ; il continue leurs entreprises ; il accomplit leurs vœux ; il s'entretient d'eux : le souvenir de leur vie pure et remplie l'édifie, le soutient, l'encourage ; elle l'excite à de nouveaux, à de plus grands efforts.

LVII.

Il aime ses semblables comme lui-même ; il se garde *de leur faire ce qu'il ne voudroit pas qu'il lui fût fait* ; il leur fait *ce qu'il voudroit qu'on lui fît* ; il est bon fils, bon père, bon époux, époux tendre, ami constant, citoyen fidèle. Le sort du malheureux, la cause du foible l'intéresse et l'attire ; il s'y sacrifie, il s'y dévoue : le triomphe du méchant le repousse ; il répugne à partager ses succès ; il demande, il cherche plutôt la mort (LIV). S'il est aidé dans ses peines , secouru dans ses malheurs, le premier besoin de son cœur est la reconnoissance ; jamais il ne désavoue; jamais il n'oublie son bienfaiteur: il tolère les défauts d'autrui ; il supporte ses opinions, il excuse ses sentimens, lors même qu'ils sont contraires à sa propre raison : l'esprit de l'homme est indépendant, son cœur est indomptable ; ils se ferment à la violence, ils s'ouvrent à la raison et au sentiment ; l'amour seul les gagne , l'amour seul les change ; la vérité, la confiance et la liberté seules les ramènent quand ils sont égarés et prévenus.

L V I I I.

Le bon citoyen est généreux jusqu'au plus entier renoncement de lui-même : semblable à l'arbre odorifiant qui épanche ses parfums sur la coignée sous laquelle il succombe, il embrasse son frère, alors même que celui-ci l'opprime ; c'est sur ses bourreaux, et non sur lui-même, qu'il répand ses larmes, le beaume de son amour : patient, doux, bienfaisant, il est sans fiel, sans amour propre ; il chérit la paix ; il déteste la discorde, la guerre, et les causes qui les allument ; il n'est ni envieux, ni téméraire, ni précipité ; il n'outre rien : son cœur ne s'enfle, ni d'orgueil, ni de dédain ; il s'oublie, il est sourd à ses intérêts ; il ne se pique point ; il ne pense jamais le mal sans preuves ; il ne s'arrête point sans indices sur aucun mauvais soupçon : il ne se réjouit pas des peines ou des fautes des autres ; quels qu'ils soient, il les avise, il les aide, il les secourt : pour ce qui le regarde personnellement, de la part de ses frères, il souffre tout, il espère tout ; il voit dans leurs humeurs diverses, l'harmonie sociale ; il les supporte : son amour, sa charité ardente se reconnoît à toutes ses œuvres ; elle est dans son cœur la sœur de la fraternité, la compagne même de l'égalité, l'ame, le motif et le but de toute force, de toute énergie, de tout courage qui a pour objet la liberté, et l'amélioration des hommes (VI) : sans la morale et la charité mises en action et en pratique, tout lui paroît dans la vie sociale, et tout est effectivement pour l'homme bon, aspérités, injustices, dégoûts, servitude, tyrannie, quelque forme de gouvernement qui

qui soit établie ; sans elles, la liberté n'est que la licence ; le règne de l'égalité est une chimère ; la source des factions, des haines, des divisions est intarissable ; les exclusions les plus iniques, les proscriptions les plus sanglantes naissent à toute occasion ; le despotisme vient à leur suite ; l'audace et la cruauté règnent ; la liberté et l'égalité s'enfuient ; l'esclavage renaît pour des siècles.

L I X.

La nature, dans toutes ses parties, éveille en lui le sentiment ; il ne détruit rien en vain ; il conserve, il défend tout ce qui est utile, et que la nature ou l'art ont produit : il ne frappe qu'à regret et pour ses besoins, l'arbre qui le couvre de son ombrage, ou qui le nourrit de ses fruits ; il prête un appui au jeune plan qui s'élève ; il respecte sur-tout le sentiment des animaux, de ceux qui vivent sans lui nuire, qui embellissent son séjour, ou qui sont ses compagnons, qui partagent ses travaux ; il ne les trouble point à plaisir ; jamais il ne leur fait de mal sans raison, sans sujet ; il a soin de ceux qui le servent, il les nourrit bien, il les traite avec douceur, il perfectionne leur race, il s'en fait aimer : la fidélité de tous ceux qu'il entretient autour de son habitation le touche ; leur utilité, leurs mœurs l'intéressent et l'instruisent ; il cherche les leçons de la nature, dans leur instinct toujours prompt et fidèle ; il lit dans leurs regards, dans leurs appétits, dans leurs goûts, dans leurs mouvemens, dans leurs attitudes et leurs passions, le sceau de l'ame, de l'intelligence universelle, desquelles sa propre raison et ses sentimens ne sont qu'une émanation plus sensible et plus vive. Si pour ses besoins il les frappe de mort, il écarte autant qu'il est possible de sa victime la douleur, et de ses yeux le couteau cruel, la place ensanglantée : il ne s'endurcit pas ; tout sang lui rappelle celui de son semblable : son cœur se soulève d'en verser ; il n'obéit qu'en frémissant à la loi supérieure qui fait dépendre la vie et la reproduction des espèces, de la destruction perpétuelle des individus des unes, par les individus des autres (I).

L X.

Le bon citoyen médite tous les jours sur ses devoirs ; il les classe dans son esprit selon leur nature et tous ses rapports ; il les suit avec courage, comme les moyens sûrs de se rendre heureux autant qu'il peut l'être : il prend un soin égal de son ame, de ses affections et de sa raison, comme de son corps (V, XXI). La réflexion nourrit son esprit, et de bonnes actions son cœur (XXVIII); il fait exactement ce que sa conscience lui prescrit, et il rapporte tout à l'ordre le plus général, à la perfection la plus conforme au vœu et aux lois de la nature (VII) ; il agrandit ainsi sa propre existence ; il multiplie ses jouissances, et il tire de lui-même la principale source de son bonheur (XX) ; il fait et il partage la félicité de sa famille, de ses amis, de ses frères, de ses concitoyens ; il coopère au bien de tout ce qui l'entoure, à la prospérité de sa patrie et à l'amélioration des hommes (XLVI, XLVII) ; il conserve dans tous les temps et toutes les positions, une inclination naturelle et un amour vif pour l'ordre le plus parfait, la justice la plus exacte, la bienveillance la plus fraternelle, et la pratique la plus pure de toutes les vertus (XLIII). C'est ainsi qu'il honore la Cause-première de

SON EXISTENCE ; qu'il montre son respect pour l'harmonie générale ; qu'il suit les lois que la nature des choses lui dicte, et qu'il obéit au calcul le mieux entendu de son intérêt individuel (XXXIII). Son intérêt, ses devoirs et sa conduite sont les mêmes ; soit que son cœur éprouve le besoin, et que ses opinions lui prescrivent de rendre un culte quelconque à cette Cause-première, la source des perfections, de tout pouvoir et des principes ; soit qu'il pense seulement, ce qui est évident dans tous les systêmes, que les hommes ont été placés sur la terre pour l'embellir, pour la cultiver paisiblement, jouir ensemble et avec reconnoissance, de tous les biens que la nature leur prodigue, se rendre des services mutuels, et être chacun heureux du bonheur d'autrui (XII). Fidèle à sa propre nature, et obéissant à celle de tous ses rapports, L'HOMME RÉGÉNÉRÉ, LE BON CITOYEN, remplit avec scrupule tous ses devoirs envers DIEU ou *la Cause-première*, envers *lui-même*, envers *ses semblables et tout ce qui l'entoure* : alors, le plus PERFECTIONNÉ de tous les êtres de la terre, il est aussi le plus JOUISSANT (XL).

TABLE ANALYTIQUE DES PRINCIPES ET MAXIMES DE MORALE ET DE LÉGISLATION,

Contenus dans la Déclaration des devoirs de l'Homme et du Citoyen, dans son Commentaire et dans l'Introduction.

A.

B.

B.

C.

E.

M.

Médiocrité :

N.

O.

U.

V.

FIN de la Table analytique.

Français, Patriotes, Républicains! ayez sans cesse devant les yeux, QUE VOS ENFANS APPRENNENT A LA MAMMELLE, le *sinonisme* des rois (1), leur politique affreuse minant sans cesse votre liberté, l'aveuglement des peuples, l'orgueil et la sottise des aristocrates, le délire et la cruauté des ambitieux, la nature corruptrice du pouvoir, et le besoin de la Morale-publique et de l'Instruction-du-peuple, pour conserver la République, maintenir la liberté, l'égalité, et faire régner la paix et le bonheur parmi vous.

Voyez la *table analytique*, et particulièrement le dernier mot, ZÈLE.

---

(1) Quel ami de la liberté peut oublier ce vil et abominable *sinon*, envoyé par les rois de la Grèce aux Troyens, pour les faire tomber dans le piège qu'ils leur préparoient?

www.ingramcontent.com/pod-product-compliance
Ingram Content Group UK Ltd.
Pitfield, Milton Keynes, MK11 3LW, UK
UKHW021136260726
13994UKWH00001B/168